Arbeiten mit den Wahrsagekarten von Mademoiselle Lenormand

Aktuelle und deutliche Erklärung von jeder Karte
Mehrere Legemuster
Praktische und übersichtliche Zuordnung der Materie

Christiane Renner

IRIS

Hinweis des Verlages:
Die Empfehlungen, Informationen, Übungen, Aussagen usw. in diesem Buch wurden von der Autorin und dem Verlag so weit wie möglich erprobt und inhaltlich sorgfältig kontrolliert. Der Autor und der Verlag übernehmen keinerlei Haftung für eventuellen Schaden, der durch den Gebrauch oder Mißbrauch der Information in diesem Buch entsteht. *Die Information in diesem Buch ist für Interessierte gedacht und nicht als Therapie- und Diagnoseanweisung im medizinischen Sinne zu verstehen.*

Colofon
Die Originalausgabe erschien unter dem Titel *Werken met de Waarzegkaarten van Mademoiselle Lenormand* bei Uitgeverij Schors, 2001, Amsterdam, Niederlande.

4. Auflage

ISBN 978-3-89060-261-5

Übersetzung:	Christiane Renner
Korrektur:	Sabine Hirschbiegel
Umschlaggestaltung:	Studio Paul C. Pollmann
Abbildungen:	Hanneke van der Woude
Auskünfte:	www.irisbuch.com

IRIS ist ein Imprint bei Neue Erde
Neue Erde GmbH · Cecilienstr. 29 · 66111 Saarbrücken
Deutschland · Planet Erde · www.neueerde.de

Arbeiten mit den Wahrsagekarten

von

Mademoiselle Lenormand

Inhalt

Vorwort

"Besteht meine Tochter das Examen?" – „Wie verläuft meine Bewerbung?" – „Steigen Omas Aktien?"
Dies sind einige Beispiele von Fragen, die an die Karten von Mademoiselle Lenormand gerichtet werden, die diese nie hätte vermuten oder voraussehen können. Genausowenig konnte sie voraussehen, dass die ihr gewidmeten – inzwischen weltbekannten – Karten im 21. Jahrhundert noch so häufig zurate gezogen werden, um Antwort auf allerlei Fragen zu bekommen. Aber erstaunlich ist es nicht: kein anderes Kartenspiel ist so genau, so direkt und gibt so einfach und leicht Antwort auf die verschiedensten Fragen.
Die 36 Karten des sogenannten *Orakel von Lenormand* beinhalten eine Symbolik, die zurückgreift auf bekannte, häufig vorkommende Symbole des täglichen Lebens. Symbole, die so weit das Menschengedächtnis zurückgeht, berühmt und berüchtigt sind wegen ihrer Bedeutung für gute und schlechte Zeiten, Glück und Unglück. Dadurch sind die Karten leicht zu interpretieren. Sie geben direkt Antwort auf eine gestellte Frage. Dies ist auch mit einer einzigen Karte möglich. Eine erweiterte Legemethode ist nicht unbedingt immer nötig.

Jahrelang erschienen zahllose Bücher über dieses berühmte Kartenorakel. Auch viele „neue" Spiele wurden entworfen und die Karten mit „neuen" Beschreibungen versehen. Dieses hat nicht immer zu einer besseren Interpretation der Karten beigetragen: oft wurde die traditionelle Bedeutung dabei „unter den Teppich gekehrt", wodurch falsche Schlussfolgerungen gezogen wurden; notwendig erschien es nun, die Karten zu revidieren... und so weiter, und so weiter.

Dies ist aber sicher nicht der Fall beim vorliegenden Buch *Arbeiten mit den Wahrsagekarten von Mademoiselle Lenormand*. Zwar sind die Karten zu diesem Buch neu gezeichnet worden, aber die Gestalterin und die Autorin haben sorgfältig recherchiert, um die korrekte Symbolik und Bedeutung der Karten wiedergeben zu können. Sie haben auch Unvollkommenheiten korrigiert. Hierdurch ist ein Kartenspiel mit dazugehöriger Deutung entstanden, das als grundlegend für das Arbeiten und den Umgang mit den Wahrsagekarten von Mademoiselle Lenormand gelten kann. Zusätzlich beinhaltet dieses Buch – angefangen bei den einfachsten – viele verschiedene Legemethoden. Der Schwierigkeitsgrad steigert sich bis zum Niveau des erfahrenen Kartenlegens.

Der Verleger

Es ist die nächste und in gewissem Sinne wichtigste Aufgabe unserer Naturerkenntnis, dass sie uns befähigt, zukünftige Ereignisse vorauszusehen, um nach dieser Voraussicht unser gegenwärtiges Handeln einzurichten.
Heinrich Hertz, Physiker

Einleitung

Wahrscheinlich ist die Kunst des Vorhersehens und Weissagens eine der ältesten der Welt: die Interpretation des Vogelfluges, das Lesen in der Leber eines Opfertieres, die bedeutungsvollen Runen, die Kristallkugel und das Pendel, das chinesische Orakelbuch I Ging, die Handlesekunst und das Studium der Astrologie, um nur einige zu nennen. Es wurden alle möglichen Mittel genutzt, die Zukunft zu entschleiern oder den Willen der Götter zu enträtseln. Erst später kamen die Karten hinzu.
Die Karten von Mademoiselle Lenormand regen die Phantasie an. Ihre Deutung ist leicht und schnell zu erlernen. Auch Kinder finden es herrlich, ungehindert durch Vorkenntnisse, selbst „vorauszusagen". Sie lassen sich nur durch die Abbildungen der Karten inspirieren.
Es ist aber ratsam, zuerst die Bedeutung der Karten zu erlernen und die Techniken des Kartenlegens einigermassen zu beherrschen, bevor man die Intuition fließen lässt. Dies ist unter anderem wichtig, um ein wahres Bild zu bekommen, anstatt eine Wiedergabe von dem, was man sich schon dachte oder was man befürchtete. Im Laufe der Zeit können einige Karten für Sie eine andere oder mehrere Bedeutungen bekommen. In dem Fall fangen die Karten für Sie an zu leben, Sie haben durch Sie eine persönliche Note bekommen.
In diesem Buch finden Sie bei der Kartenbeschreibung einen traditionellen und einen allgemeinen Text. Zu der Zeit – 1850 –, in der das Kleine Lenormandspiel, so hiess es damals, entstanden ist, war ein Interpretationstil gebräuchlich, der in unserer Zeit altmodisch anmutet. Die Bedeutung der Karten teilte sich in „schwarz" oder „weiss": eine Karte sagte das höchste Glück oder das tiefste Elend voraus. In unserer heutigen Zeit sehen wir Symbole viel nuancierter, und wir wissen, dass ein und dieselbe Sache Vor- und Nachteile haben kann. Darum wurde der traditionelle Text an die heutige Zeit angepasst.

In erster Linie eignet sich das Lenormandspiel dazu, alltägliche Fragen zu beantworten: "Wie ist meine finanzielle Situation" – „Werde ich eine große Reise machen?" – „Bestehe ich das Examen?" –„Werde ich schnell umziehen?". Die Lenormandkarten stellen auch eine ausgezeichnete Ergänzung von Tarotkarten und der Astrologie dar.
Je mehr Fortschritte Sie mit der Interpretation der Karten machen, desto mehr Tiefe können Ihre Fragen bekommen, z.B. „Wie steht es mit meinem Innenleben?" – „In welchem Prozes befinde ich mich jetzt?" – „Was behindert und was befördert den Fortschritt meiner Entwicklung?" Auch werden Sie im Laufe der Zeit bemerken, dass Sie die Karten auf unterschiedlichen Niveaus interpretieren können. Eine einzige Karte kann eine Person, ein Gefühl und ein Ereignis andeuten. Je größere Fortschritte Sie machen, desto mehr werden Sie in den Karten sehen können.
Die Legemethoden für die Karten fangen sehr einfach an, so dass Sie die Bedeutung der Karten kennenlernen können. In den nachfolgenden Legemethoden werden stets weitere Karten hinzugefügt, so dass Sie sich in aller Ruhe daran gewöhnen können, die Bedeutung einer Karte im Zusammenhang mit anderen Karten zu sehen.
Es ist seit langer Zeit gebräuchlich, verschiedene okkulte Systeme miteinander zu verbinden, wie zum Beispiel die Tarotkarten mit dem Hebräischen Alphabet. Ich habe untersucht, ob für die Lenormandkarten Parallelen zur Astrologie, zur Nummerologie oder zu normalen Spielkarten zu finden sind. Die Übereinstimmungen waren aber derart gering, dass ich jedem System Gewalt angetan hätte, wenn ich sie miteinander verglichen hätte. Zum Beispiel könnte man denken, dass die Karte *Mond* übereinstimmen würde mit dem astrologischen Mond. Die Bedeutung beider Monde ist aber so unterschiedlich, dass Sie nicht miteinander korrespondieren. Genauso erging es mir mit den normalen Spielkarten, ich konnte keine Übereinstimmung in den Karten finden. Darum werden Sie in diesem Buch keine Verweise auf Planeten, andere Karten und dergleichen finden. Ich habe beschlossen, jedes System seinen eigenen Wert behalten zu lassen.

Wenn Sie nach dem Lesen dieses Buches noch Fragen, Anmerkungen oder Suggestionen haben, würde ich mich freuen, wenn Sie diese an meinen Verleger schreiben.

Christiane Renner

Sehen, um vorauszusehen, voraussehen, um zu verhüten.
(Voir pour prévoir, prévoir pour prévenir.)
Henri Poincaré, Mathematiker

Geschichte der Wahrsagekarten

Es gibt nicht viele Fakten über die Geschichte der Wahrsagekarten, aber umso mehr Sagenhaftes. Zum Beispiel, dass die Chinesen behaupten, die ersten Spielkarten erfunden zu haben. Oder die Sage vom ersten Kartenspiel, das in Indien erfunden worden sein soll, von der Frau eines Maharadschas. Er hatte die unangehme Gewohnheit, ständig an seinem Bart zu zupfen. Darüber ärgerte seine Frau sich so sehr, dass Sie in ihrer Not ein Kartenspiel erfand und dieses dem Maharadscha gab. Mit den Karten in der Hand konnte ihr Mann unmöglich an seinen Barthaaren ziehen. In Indien kennt man unter anderem die Hindukarten. In Korea werden seit langer Zeit lange Bambusstöcke als Karten benutzt.
Man tendiert dahin anzunehmen, dass die ersten Karten im Orient entstanden sind, um danach über die arabischen Länder nach Europa zu gelangen. Wo und wann die allerersten Spielkarten aber entstanden sind, wissen wir nicht. Ich werde mich hier dann auch auf die Fakten konzentrieren. Wahrsage- und Spielkarten stehen in einem engen Zusammenhang miteinander. Die ältesten Spielkarten, die erhalten geblieben sind, stammen aus dem 15. Jahrhundert. Aus dieser Zeit sind auch die ältesten Tarotkarten überliefert.
Die früheste Erwähnung von Tarotkarten finden wir in Italien bei Giovanni Boccaccio (1313-1375). Eine andere Quelle meldet aber, dass das älteste Dokument über die Existenz von Tarotkarten aus Mailand stamme. Dort heisse es, Graf Sforza habe 1450 seinen Schatzmeister beauftragt, ihm Tarot- oder Spielkarten zu senden.
Professor M. Dummett hat sorgfältig die Geschichte der Spielkarten erforscht und kommt zu dem Schluss, dass Tarotkarten ursprünglich als Spielkarten gebraucht worden sind. Aus anderen alten Schriften wissen wir, dass es schon im 14. Jahrhundert Spielkarten gegeben hat. In den Niederlanden wurde es zum Beispiel 1397 verboten, um Geld oder Gut zu spielen.

Zwischen 1367 und 1397 entstanden überall in Europa Ge- und Verbote in Bezug auf das Glücksspiel mit Spielkarten und die damit häufig verbundene Falschspielerei. Zu oft verspielten Menschen ihren ganzen Besitz, so dass die Regierungen eingreifen mussten. Das Berner Gesetz entstand 1367, das von Marseille folgte 1381. Das Nürnberger Gesetz erlaubte zuerst das Kartenspiel, aber 1384 sah man sich doch genötigt, das Spielen um hohe Beträge zu verbieten.

Nürnberger Gesetz über das Verbot, für Geld mit Karten zu spielen

Das oben genannte Gesetz ist in der Handschrift der *Nürnberger Polizeiordnungen* vom letzten Viertel des 14. Jahrhunderts nicht mehr erhalten. Der Text ist jedoch durch Abschriften bekannt, und von Werner Schultheiß in seiner Arbeit *Satzungsbücher und Satzungen der Reichstadt Nürnberg aus dem 14. Jahrhundert,* Nürnberg 1965, = Quellen zur Geschichte und Kultur der Stadt Nürnberg, herausgegeben vom Stadarchiv Nürnberg, 3.Band, S. 266, veröffentlicht.

Der ursprüngliche Gesetze texte

Auch haben die burger gesatzt, daz niemant dhein spil niht tun sol, wie daz genant ist, ez sei frau oder man, damit man den pfennigk verliesen oder gewinen mag, alle tag bei fuenf pfunt haller hie und auzwendig der stat und der wirt alle tag bey zwain pfunt hallern. Und waz einer gewinet, daz muegen dez freund, der daz verlorn hat, wol an dem wider vordern mit dem rechten, der ez gewunnen hat, und dem sol auch daz recht ertaylen, daz man ihm (!) daz widerkeren sol, was sein freund verlorn hat. Wer aber, daz ez dezselben freund niht vorderten, wenn sie dez gewar wuerden, in einem vierteil iars, so mocht ez ein frag(er) wol vordern mit dem rechten; so solt ez dann der stat halbs werden, daß er gewunnen het, auzgenommen rennen mit pferden, schiessen mit armbrusten, carten, schofzagel, pretspil und kugeln, umb einen pfenink zwen zu vier poten; on an der veirtagen zol man niht rennen.

Frankreich, England, Italien, Spanien, Böhmen – überall galten Verbote in ähnlicher Form.

Aber die Spielkarten wurden nicht nur zum Spielen benutzt, sondern auch zur Wahrsagerei. Dieses können wir im *Mainzer Losbuch* nachlesen. Es wurde zwischen 1505 und 1510 bei Johann Schöffer gedruckt. Darin finden wir auch Abbildungen und dazugehörige Sprüche.

In der zweiten Hälfte des 18. Jahrhunderts wurden die Wahrsagekarten sehr populär. Es entstanden viele Gruppen, die sich mit dem Okkulten beschäftigten, die sogenannten magischen Zirkel. Auch die Alchemie erlebte ein comeback. Zur Zeit der Französischen Revolution und von Napoleon waren die Kartomantie, Astrologie und dergleichen überaus beliebt. Genau in dieser Periode entdeckte Herschel den Planeten Uranus, den astrologischen Herrscher über Revolutionen, Erfindungen, Astrologie, Kartomantie und anderem.

Im rührigen 18. Jahrhundert entwickelte die Kartomantie ein höheres Niveau. Aus dieser Periode kennen wir eine Anzahl berühmter Kartenspiele und Kartenleger.

1781 entwickelte *Court de Gébelin* mit seiner Publikation über das Tarot die Basis für die okkulte Bedeutung der Karten. Sein Geburtsjahr wird an einer Stelle 1719 an anderer 1725 genannt. De Gébelin starb 1784. Örtlich waren die Tarotkarten in Frankreich schon seit 250 Jahren bekannt, aber nicht in Paris. De Gébelin arbeitete mit belgischen Tarotkarten. Leider hatten die Drucker die Karte *Der Gehängte* verkehrtherum abgebildet, so dass er nicht mehr hing! De Gébelin behauptete, der Ursprung des Tarot läge im alten Ägypten und sei das verschleierte Mysterienbuch der alten, ägyptischen Hohepriester. Dieses habe ihm seine Intuition eingegeben.

Beeinflusst durch de Gébelin introduzierte ein *Comte de M.*, es ist nicht bekannt, wer sich hinter diesem geheimnisvollen Namen verbirgt, eine eigene Bedeutung für die Tarotkarten und die Theorie, die Zigeuner hätten die Karten aus Ägypten, dem Land der Mysterien und der Magie, nach Europa gebracht, da man zu der Zeit noch annahm, die Zigeuner stammten aus Ägypten.

Auch *Etteilla* wurde durch de Gébelin inspiriert. Er war der Urheber eines Systems, mit dessen Hilfe die Tarotkarten zum Wahrsagen gebraucht werden konnten. In vielerlei Hinsicht kann er als ein Wegbereiter in Bezug auf die (Wahrsage-) Karten gelten. Seine Interpretation gleicht aber in großen Zügen der von de Gébelin und Comte de M. Etteilla hat auch noch die ursprüngliche Reihenfolge der Tarotkarten verändert. Nicht jeder war davon

begeistert. Etteilla war der Meinung zugetan, der Ursprung des Tarots läge genau 171 Jahre nach der Sintflut.
Etteillas wirklicher Name war Jean-Baptiste Alliette. Sein Geburtsdatum lässt sich nicht mit Sicherheit feststellen, wahrscheinlich wurde er am 1. März 1738 geboren. Er starb mit 53 Jahren, am 12. Dezember 1791. Ettailla hat viel über seine Jugend erzählt, diese Geschichten scheinen aber eher ein Produkt seiner Phantasie zu sein. Genaue Fakten über sein Leben gibt es nur wenige. Eliphas Levi nannte Etteilla geringschätzig einen Perückenmacher und Papus „schalt" ihn einen Barbier. Wahrscheinlich taten sie das, um ihre Unzufriedenheit mit seiner Arbeit auszudrücken. Von vielen anderen wurde dieses Prädikat ohne weiteres übernommen. Eteilla war aber kein Perückenmacher oder Barbier. Er trat erst in die Fußstapfen seines Vaters und verkaufte Saatgut und Getreide. Später nannte er sich Algebralehrer und arbeitete als professioneller Kartenleger, Astrologe, Traumdeuter und Magier. Er hat einige Bücher über verschiedene Kartenspiele geschrieben, eigene Vorhersagemethoden entwickelt und führte den Begriff „Cartonomancie" – heute Kartomantie – ein. Zudem entwarf er ein zu der Zeit berühmtes Tarotspiel, das *Grand Etteilla ou Tarot.*

Am 8. Februar 1810 wurde in Paris Alphonse-Louis Constant geboren, besser bekannt unter dem Namen *Eliphas Levi Zahed,* eine hebräische Übersetzung seines Geburtsnamens. Eine detaillierte Biographie über Levi wurde von P. Chacornac verfasst. Levi wurde der berühmteste und gelehrteste Okkultist von Frankreich. Ursprünglich war er ein Priester. Die katholische Kirche duldete aber seine selbstständigen Auffassungen nicht und hat diesen beseelten und devoten Mann kurzerhand exkommuniziert.

Also beschäftigte er sich in seiner zweiten Lebenshälfte mit viel Elan mit der höheren Magie und schrieb zweihundert Bücher zu diesem Thema. Eines der letzten Werke wurde sein Magnus Opus, nämlich das berühmte *Doktrin und Ritual der Höheren Magie.* Sehr oft wurde er von anderen schamlos kopiert, so auch von Madame Blavatsky in ihrem Buch *Die Geheime Lehre.* Das Wasser reichen konnte ihm allerdings kaum jemand.

Bei der Beschreibung von Etteilla fiel bereits Levis Name. Levi war nicht besonders beeindruckt von Etteillas Werk. Er beurteilte ihn zwar als einen inspirierten Mann, der sich aber mit Trivialitäten abgäbe und den Stoff nicht

besonders feinsinnig behandele. Levi sah keinen Sinn im Abspalten und Unterteilen, im Gegenteil. Es gelang ihm, Magie, Mesmerismus, Handlesekunst, Kartomantie und andere okkulte Disziplinen zu vereinigen – die höhere Magie. Dadurch blies er der okkulten Welt und ihren Disziplinen neues Leben ein.
Levi verwarf Etteillas Erneuerungen des Tarot. Er arbeitete mit Frankreichs ältestem Spiel, dem *Tarot von Marseille*, von ihm das „Italienische Tarot" genannt und versuchte, die Tarotkarten wieder in ihren Originalzustand zurückzuversetzen. Für ihn waren die Tarotkarten ein Quell magischer Symbolik. Dadurch konnte er die Bedeutung der Karten ausweiten und vertiefen. Er interpretierte die Karten auf verschiedenen Niveaus: Die geistige oder höhere Welt, die Naturwelt, die menschliche Art, das intellektuelle Niveau und die dunkle Welt. Bis zu diesem Zeitpunkt war die Deutung der Karten ziemlich eingeschränkt gewesen, aber Levi wusste eine neue Dimension hinzuzufügen, wodurch für Kartenleger ungekannte neue Möglichkeiten entstanden. In seinem breitgefächerten Fachgebiet war er ein unbezweifelter Meister, durch Fachgenossen hochgeschätzt. Doch starb er völlig unbekannt am 31. Mai 1875. Erst nach seinem Tode bekam Levis Werk seinen verdienten Lohn. Es stellt noch immer eine inspirierende Quelle für die okkulte Bewegung dar.

Obwohl die Zeit berühmte Männer kannte wie: Court de Gébelin, der als erster die Tarotkarten symbolisch deutete, Etteilla, der das Tarot brauchbar machte für das Kartenlegen und vor allem Eliphas Levi, ohne dessen bahnbrechende und beseelte Arbeit das Tarot nie diese Tiefe und weltweite Bekanntheit erlangt hätte, war es kein Mann, sondern eine Frau, die in diesem Zusammenhang ungemein berühmt und wichtig wurde.

Zwar hat diese Dame den Karten nichts hinzugefügt, trotzdem übertrifft ihr Ruhm den ihrer Zeitgenossen. Mademoiselle Lenormand wurde die gefeiertste und prominenteste Kartenlegerin aller Zeiten. Obwohl sechs Biographien über ihr Leben geschrieben worden sind, bedarf es doch einiger Detektivarbeit, hinter die Wahrheit über ihr Leben und Arbeiten zu kommen. Ihre Reputation war legendär. Sie hatte ein ausgezeichnetes Fingerspitzengefühl für ihre Selbststilisierung. Sicher ist, dass die meisten Geschichten über sie in das Reich der Fabeln verwiesen werden können.

Oh, wer weiss, was in der Zeiten Hintergründe schlummert.
Schiller (Don Carlos)

Mademoiselle Lenormand, die Sibylle von Paris

Marie-Anne le Normant, die mysteriöse Frau mit dem Beinamen „Die Sibylle von Paris", wurde in Alençon in der Normandie geboren. Obwohl einer ihrer Biographen, Louis Dubois, schrieb, dass sie am 16. September 1768 geboren worden sei, finden wir im Gemeinderegister von Alençon den 27. Mai 1772 als Geburts- und Taufdatum verzeichnet. Ihre Eltern verstarben innerhalb von fünf Jahren. Die Stiefeltern überließen die Erziehung des kleinen Mädchens den Benediktinernonnen einer Klosterschule. Schon dort scheint sie die Gabe des Hellsehens besessen zu haben.
Im Jahre 1786 zog sie nach Paris. Ob sie damals im Geschäft ihres Stiefvaters gearbeitet hat, ist möglich, aber nicht erwiesen. Mit ziemlich großer Sicherheit kann man aber sagen, dass sie hart arbeiten musste und Armut kannte. Sie lernte zudem das Handlesen, das Kartenlegen und verschiedene andere Techniken des Wahrsagens.
Sie selbst beschrieb eine Reise nach London, die 1789 stattgefunden haben soll. Dort soll sie – siebzehn Jahre jung – den renommierten Dr. Gall getroffen haben, obwohl sich dieser zu jener Zeit in Deutschland aufhielt. Also konnte der Besuch nicht stattgefunden haben. Wohl hat Mademoiselle Lenormand in diesem Jahr für eine Tageszeitung gearbeitet, die *Le mot à l'oreille, ou le Don Quichotte des dames.* Auch versorgte sie einige Male die Wettervorhersage.
1797 eröffnete sie ihre berühmte Wahrsagepraxis in der Rue de Tournin in Faubourg, St. Germain, in einem Gebäude, das heute die Hausnummer 5 trägt. Sie hat hier bis fast an ihr Lebensende gearbeitet. Am Anfang kamen einfache Leute zu ihr, um sie um Rat zu fragen. Danach folgten die Bürger und über die Dienstmädchen erreichte sie schliesslich den Adel.
Die Geschichte, sie hätte die Wahrsagekarten entdeckt, als sie Marie-Antoinette im Gefängnis aufsuchte, um ihr zur Flucht zu verhelfen, ist zwar romantisch und abenteuerlich aber leider nicht wahr.

Mademoidelle Lenormand arbeitete mit unterschiedlichen Methoden, unter anderem mit 33 griechischen Stöckchen, einem Zauberspiegel, der Handlesekunde, mit verschiedenen Kartenspielen, darunter das ägyptische Tarot und die Piquetkarten, ferner mit allerlei anderen Sachen, die eine Hellseherin in der damaligen Zeit gebrauchte.

Augenzeugen berichteten, dass Mademoiselle Lenormand während einer Sitzung für eine Legung je einige Karten aus verschiedenen Spielen nahm und diese vermischt gebrauchte. Auch für ihre Zeit war das eine höchst ungewöhnliche Methode. Sie selbst schrieb, dass sie die 32 Karten des Piquetspieles drei Mal abhob und sie danach in acht Reihen legte. Leider liess sie bei dieser Beschreibung die Interpretation der Karten weg. Sie beschrieb praktisch nie ihre Arbeitsmethoden oder Karteninterpretationen. Fragen zu diesem Thema wich sie aus. Das einzige, was wir mit Sicherheit wissen ist, dass ihr System ziemlich einfach war und nicht der Methode Etteillas glich.

Die Französische Revolution brachte viel Unruhe und Unsicherheit mit sich. Arme, Reiche und Honoratioren konsultierten Mademoiselle Lenormand dann auch fleissig. Sie wurde wegen ihrer Arbeit des öfteren verhaftet und verbrachte jeweils einige Tage im Gefängnis, denn Kartenlegen, Wahrsagen und Traumdeuten waren gesetzlich verboten. Trotz dieses Verbotes wimmelte es in der damaligen Zeit in Paris von Wahrsagern, Traumdeutern und Kartenlegern. In Polizeiarchiven finden wir die Verhaftungen von Mademoiselle Lenormand bestätigt, zum Beispiel, dass sie 1803 im Gefängnis „Madelonettes" gesessen hat. Am 15. Dezember des Jahres 1809 – dem Jahr, in dem Napoleon und Josephine geschieden wurden – wurde sie zum letzten Male verhaftet. Wir können hier lesen, dass *„(...) Mademoiselle Lenormand beschuldigt wird, für Geld Karten zu legen (...)"*. Aber viele Mitarbeiter des Justizapparates gehörten zu ihrem Kundenkreis und halfen ihr, so dass sie nie mehr in Paris inhaftiert wurde.

In ihren Büchern beschreibt sie ihren illustren Kundenkreis: den zukünftigen König Ludwig XVIII., Robespierre, Mirabeau, General Hoche, Camille Desmoulins, Danton, Marat, Talleyrand, Madame de Staël, Fürst Metternich, Josephine de Beauharnais und Napoleon. Einige ihrer Kunden verloren ihren Kopf unter der Guillotine. Sie schien hohe Beträge für ihre Dienste gefordert zu haben. Die damalige Polizei beschuldigte sie, pro Jahr 20.000 Francs mit

Horoskopen für vornehme Personen zu verdienen. Sie konnte sich von ihren zahlreichen Konkurrenten unterscheiden, indem sie sich auf diese hohen Kunden und auf ihre verblüffenden Vorhersagen berief.
Den Höhepunkt ihrer Karriere erreichte sie nach der Revolution. Ab 1800 stieg ihr Stern steil in die Höhe. Zuverlässige Quellen belegen ihre Berühmtheit und bestätigen ihren erlauchten Kundenkreis. Ein Polizeidokument berichtet von einer riesigen Menschenmenge vor dem Haus von Mademoiselle Lenormand. Auch Jaques Barthélemy sah lange Reihen Wartender vor ihrer Praxis. Wir können auch lesen, dass Fürst Metternich, damals österreichischer Botschafter in Paris, sie 1808 besucht hat.

1802 kaufte Mademoiselle Lenormand ein Landhaus in Migneaux und kurz danach eine Wohnung in der Rue de la Santé in Paris. Von 1812 bis 1813 besaß sie eine Buchhandlung in der Rue du Petit Sulpice in der Nähe ihrer Praxis.
Man sagt, dass Napoleon, der von 1804 bis 1815 regierte, ihr nicht wohl gesonnen gewesen sei. Ein Grund könnte dafür sein, dass seine Frau Josephine sie einige Male konsultiert hat. Es könnte eine weitere Rolle gespielt haben, dass Mademoiselle Lenormand eine Royalistin war, sie blieb den Bourbons treu. Zudem hatte sie nicht nur den Aufstieg, sondern auch den Fall Napoleons vorhergesagt. Und welcher ambitionierte Kaiser hört so etwas gerne?
Mademoiselle Lenormand vergrösserte ihren Ruhm, indem sie einige Bücher über ihr Leben und ihren erlauchten Kundenkreis verfasste. Sie wies darin auch auf ihre große Anzahl zutreffender Vorhersagen hin, wie z.B. in ihrem Buch von 1817 *Les oracles sibyllins, ou la suite de souvenirs prophétiques.*
Ihren Kontakt mit Josephine de Beauharnais beschrieb sie in ihrem Buch von 1827 *Mémoires historiques et secrets de l'Imperatrice Joséphine* in etwas übertriebener Weise. Zwar hatte sie einige Male die Karten für Josephine gelegt, aber um einen sehr vertrauten Umgang handelte es sich dabei nicht. Dieses Buch wurde ein viele Male neu aufgelegter „Bestseller", übersetzt in die englische und deutsche Sprache.
Heutzutage hätte Mademoiselle Lenormand sicher einen Preis gewonnen und ihr würde viel Respekt bezeugt für die Art und Weise, wie sie aus dem Nichts zu höchster Popularität und Reichtum emporzusteigen wusste. Sie arbeitete hart, sorgte gut für ihre „public relations" und vergass das „Netzwerken" nicht. Sie ergriff selbst die Initiative, um die Großen der Erde zu erreichen.

1815 kehrten sich der russische Zar, der Kaiser von Östereich und der preussische König gemeinschaftlich gegen Napoleon. Im Oktober 1818 gab es einen Kongress in Aachen, auf dem über die Zukunft Frankreichs beratschlagt wurde. Mademoiselle Lenormand fand ihren Rat dringend erwünscht und reiste in Richtung Aachen. Sie wurde aber an der belgischen Grenze aufgehalten. Drei Tage lang hat man sie verhört, erst in Tournai (Doornik), danach in Mons (Bergen), bevor sie ihre Reise fortsetzen konnte. Es gibt aber keine Belege über ihren fürstlichen Besuch in Aachen. Ob die Begegnung wirklich stattgefunden hat? Wer weiss...?
Mademoiselle Lenormand zog am 25. Februar 1821 nach Brüssel. Bewegt wurde sie wahrscheinlich zu diesem Entschluss, weil die Pariser Presse sich ziemlich sarkastisch über ihre Künste geäussert hatte. In Brüssel eröffnete sie eine Wahrsagepraxis und schon bald strömten die Kunden zu ihr. Aber auch dort kam sie mit dem Gesetz in Konflikt. Am 18. April 1821 wurde sie von der belgischen Polizei verhaftet. Vor dem Gericht in Leuven wurde sie des Betruges angeklagt. Am 7. Juni verurteilte man sie zu einer Geldbusse von drei Florinen und einem Jahr Gefängnisstrafe. Mademoiselle Lenormand fühlte sich zu Unrecht beschuldigt und legte Berufung ein. Es folgte ein neuer Prozess, diesmal in Brüssel. Das dortige Urteil fiel milder aus: sie musste nicht ins Gefängnis, sollte aber 15 Francs Busse bezahlen. Überzeugt von ihrer Unschuld verweigerte Mademoiselle Lenormand auch die Zahlung dieser Busse. Am 15. August 1821 war sie endlich wieder auf freiem Fuß und konnte nach Paris zurückkehren.

Es wird behauptet, dass Mademoiselle Lenormand 1822 nach London gereist sei, um sich einer geheimen Gesellschaft, den *Members of the Mercurii*, anzuschliessen. Auch soll sie dort ein Blatt veröffentlicht haben, *The Straggeling Astrologers of the 19th Century.* Da sie aber am 20. Januar 1823 von Paris aus einen Geschäftsbrief an Buchhändler schickte und zudem in Paris ein Buch über ihr belgisches Abenteuer publizierte – *Souvenir de la Belgique* – scheint dies eher unwahrscheinlich zu sein.
Diese ehrgeizige Frau mit ihrem ausgezeichnetem Gefühl für Publizität blieb ihr Leben lang unverheiratet. Als sie am 25. Juni 1843 starb, soll sie sogar noch Jungfrau gewesen sein. Ihr Begräbnis wurde zu einem aufsehenerregenden und großen Ereignis. Die Kirche war innen mit weissen Tüchern behängt und eine riesige Menschenmenge nahm in großem Stil Abschied von ihrer „Sibylle von Paris“.

Zwei Jahre nach ihrem Tode, 1845, erschien das Große Lenormandspiel – *Grand jeu de Mademoiselle Lenormand* – mit 54 Karten bei Grimaud in Frankreich. Das Kleine Lenormandspiel mit 36 Karten, das sich heutzutage noch einer großen Popularität erfreut, und das in diesem Buch besprochen wird, wurde 1850 zum ersten Male publiziert. Soweit wir wissen, kommt dieses Spiel nicht aus Frankreich, sondern aus dem deutschen Sprachgebiet. Zu Unrecht wird dieses Spiel oft Tarot genannt. Aber die Lenormandkarten sind keine Tarotkarten, sie haben ihren eigenen Charakter.

Wer sich im Unendlichen will finden,
Muss erst unterscheiden und dann verbinden.
Goethe

Die Karteninterpretation

1. Der Reiter

Neutrale Karte
Treffwörter: Berichte, Kommunikation, das Denken

Traditionell
Diese Karte bringt Ihnen Neuigkeiten. Liegt diese Karte nahe bei Ihrer *Personenkarte*, kommen die Berichte aus der Nähe. Aber liegt sie weit weg, dann kommen die Neuigkeiten aus dem Ausland. Ob die Berichte günstig oder ungünstig sind, hängt von den umliegenden Karten ab.

Allgemein
Der *Reiter* steht für das gesprochene und gedachte Wort. An sich ist diese Karte neutral. Worum sich das Gespräch oder die Gedanken drehen, wird durch die direkt umliegenden Karten bestimmt. Liegt der *Reiter* bei Ihrer *Personenkarte*, können Sie annehmen, dass Sie viele Gespräche führen werden, vor allem wenn sich andere *Personenkarten* in der Nähe befinden. Liegt zum Beispiel die Karte das *Schiff* dabei, geht es in dem Gespräch wahrscheinlich um Geld, eine Reise oder/und es wird in einer fremden Sprache gesprochen.
Da unsere Gedanken nicht nur unsere Handlungsweise bestimmen, sondern auch die Umstände, in denen wir uns gerade befinden, ist es wichtig, diese Karte nicht zu unterschätzen. Achten Sie bei der Interpretation darauf, inwieweit alte und negative Gedanken uns behindern, unser Leben positiver zu gestalten. Machen Sie die Ratsuchenden darauf aufmerksam und bieten Sie ihr/ihm ein Stück Positivität.

Kombinationen
- Negative Gedanken können zum Beispiel angedeutet werden durch: den *Berg* – Verdruss; den *Bären* – allgemeine Negativität oder Missgunst; das *Kreuz* – Depressivität, Erwartung zu versagen oder den *Sarg* – kann hinweisen auf schwarzsehen, Untergangsstimmung. Im letzten Fall ist es besser, sich darüber zu informieren, ob es sich um eine Veranlagung oder eine vorübergehende Phase handelt, weil der Kunde sich eventuell in ei-

ner Krise befindet. Es ist auch wahrscheinlich, dass der Kunde jemanden manipuliert oder/und selbst manipuliert wird. Liegt der *Sarg* beim *Reiter*, dann ist der Kunde im Prinzip bereit, seine/ihre negativen Gedanken zu erkennen und loszulassen.

- Liegt der *Reiter* aber neben der *Sonne* oder den Sternen, können Sie gute Berichte erwarten und/oder Ihre Gedanken sind neu, positiv und erhellend.
- Liegt der *Fuchs* beim *Reiter*, hüten Sie sich dann vor Klatsch, Getratsch und Geläster. Liegt die *Schlange* dabei, werden Lügen erzählt.

Ratschlag
Sprechen Sie über das betreffende Thema, kommunizieren Sie.

Charakter
Diese Person ist einigermassen ruhelos und nervös. Menschliche Kontakte und Kommunikation sind für ihn/sie genauso wichtig, wie für die Pflanze das Wasser. Er/Sie ist flexibel, freundlich, hilfsbereit und fingerfertig, aber zu ungeduldig für einigen Tiefgang und Ausdauer.

Äußeres Erscheinungsbild
Eine junge oder jungendlich aussehende Person, sehr schlank, mit einer hohen Stirn, eventuell mit blonden Haaren und blauen Augen.

Gesundheit
Der *Reiter* – nahe des *Baumes* liegend – kann bedeuten, dass etwas mit den Atemwegen nicht in Ordnung ist. Liegt diese Karte neben dem Arzt (Kombination von *Baum* und *Wolken*), kann dies auf einen Psychotherapeuten hinweisen. Liegt der *Reiter* beim *Schlüssel:* Gesprächstherapie und/oder Atemübungen wirken heilsam.

2. Der Klee

Positive Karte
Treffwörter: aus einer schwierigen Situaiton geraten, Verbesserung

Traditionell
Der *Klee* bedeutet, dass man sich in einer schwierigen Situation befunden hat, aber dass das Ende der Schwierigkeiten in Sicht ist. Traditionell verliert der *Klee* seine positive Bedeutung, wenn er nahe bei den *Wolken* liegt.

Allgemein
Wie lange die bedrückende Situation angedauert hat und wie schwer sie gewesen ist, kann man nötigenfalls in den direkt umliegenden Karten sehen. Aber eigentlich ist das jetzt nicht das Wesentliche. Jetzt geht es darum, diese schwierige Phase abzuschließen. Ab jetzt wird es besser werden.
Kommen die *Wolken* nach dem *Klee*, wird die positive Periode wieder umschlagen. Es kann sich auch um ein Auf und Ab handeln vom Positiven zum Negativen und umgekehrt. Liegen die *Wolken* über dem *Klee*, wird eine unangenehme Periode für eine Weile leichter. Liegen die *Wolken* aber in der Vergangenheit, also links vom *Klee*, haben Sie das Schlimmste schon hinter sich. Ab jetzt wird sich die Situation verbessern.

Kombinationen
Einige Vorbilder:
- Sie wohnen seit Jahren in zu beengten Verhältnissen. Es ist Ihnen aber bis jetzt nicht gelungen, eine passende Wohnung zu finden. Dann kann der *Klee* zusammen mit dem *Haus* und dem *Storch* anzeigen, dass jetzt der richtige Moment gekommen ist. Liegt diese Kombination ganz in der Nähe Ihrer *Personenkarte*, wird der Umzug schon sehr schnell stattfinden.
- Der *Klee* bei den *Fischen* und/oder dem *Schiff:* nach einer Finanzkrise geht es mit dem Geld wieder aufwärts.
- Der *Klee* beim *Reiter:* kann andeuten, dass Sie aus einer Phase des negativen Denkens herauskommen und/oder Sie erhalten endlich einen gute Nachricht.

Ratschlag
Seien Sie überzeugt, dass alles zeitlich begrenzt ist. Für alles kommt einmal ein Ende, auch für die Schwierigkeiten. Verlieren Sie nicht die Hoffnung.

Charakter
Diese Person ist sehr positiv eingestellt. Ihre Grundeinstellung gibt ihr einen festen Halt. Sogar in schwierigen Situationen bleibt Sie optimistisch und standhaft.

Äußeres Erscheinungsbild
Die Statur ist normal bis kräftig und gut proportioniert. Es besteht eine Veranlagung, im Laufe der Jahre an Gewicht zuzunehmen. Braune Haare, variable Augenfarbe von braun über grün bis hin zu blau.

Gesundheit
Der *Klee* lässt auf Verbesserung oder sogar Genesung hoffen, besonders, wenn der *Klee* beim *Baum* wächst.

3. Das Schiff

Positive Karte
Treffwörter: Reisen, Finanzen

Tradtionell
Liegt das *Schiff* bei Ihrer *Personenkarte*, werden Sie innerhalb kurzer Zeit auf die Reise gehen. Das *Schiff* steht zudem für eine Quelle des Reichtums durch Handel oder Erbschaft.

Allgemein
Diese Karte hat zwei Bedeutungen: Meistens handelt es sich um Geld, wenn Sie die Karte bei Ihrer Peronenkarte sehen. Es kann sich aber auch um eine Reise handeln. Liegt das *Schiff* bei einer *Personenkarte*, kann das bedeuten, dass diese Person ihr Hauptaugenmerk auf das liebe Geld richtet oder dass er/sie sich viel auf Reisen befindet. Es kann aber auch eine(-n) Ausländer(-in) andeuten. Das *Schiff* bei Ihrer *Personenkarte* kann auf Geld hinweisen. Die Umstände werden durch die direkt umliegenden Karten angedeutet.

Kombinationen
- Das *Schiff* beim *Sarg* kann auf eine Erbschaft hinweisen.
- Mit dem *Reiter* beim *Schiff* werden Gespräche über Geld angedeutet. Es kann sich auch um ein Gespräch in einer anderen Sprache handeln oder die Person denkt/spricht „grenzüberschreitend“ (Reisen kann man auch im Geiste).
- Neben dem *Mond* wird die Arbeit, mit der man Geld verdient, angezeigt.
- Das *Schiff* beim *Turm* weist auf eine Bank oder ein anderes Institut hin, das sich mit Geld beschäftigt.
- Zusammen mit dem *Haus* und dem *Storch* weist das *Schiff* auf einen Umzug ins Ausland oder auf die Umzugskosten hin.
- Das *Schiff* beim *Haus* kann den Kauf eines Hauses/einer Wohnung anzeigen, sicher wenn sich auch noch der *Ring* in der Nähe befindet.

- Liegt das *Kreuz* beim *Schiff* ist finanzielles Missgeschick zu erwarten. Dasselbe gilt für eine Reise. Das *Kreuz* bringt kein Glück, wohl aber Misserfolge und Einbußen.
- Schwimmen die *Fische* beim *Schiff*, deutet dies auf viel Geld.
- Sehen Sie den *Fuchs* beim *Schiff* herumlungern, hüten Sie sich vor einer finanziellen List.

Ratschlag
Machen Sie eine Reise, in der Realität oder im Geiste. Das Ziel ist eine Erweiterung Ihres Horizontes und das Kennenlernen von Alternativen. Wenn es auf die Frage zutrifft, kann es auch bedeuten, dass es gut ist, Geld zu investieren.

Charakter
Eine reiselustige, lernbegierige und philosophische Person, die gerne ihren Horizont erweitert. Ausserdem kann es sich um eine Person handeln, die sich viel mit Geld beschäftigt und eine kommerzielle Einstellung hat.

Äußeres Erscheinungsbild
Sicher in der Jugend eine athletische Figur. Die Haarfarbe ist rötlich bis hellbraun. Die Augenfarbe ist graublau. Auch kann diese Karte hinweisen auf ein „fremdländisches" Aussehen, egal aus welchem Land.

Gesundheit
In Gesundheitsfragen kann das *Schiff* eine teure Arztrechnung bedeuten, wenn es beim Arzt *(Baum + Wolken)* liegt. Bei Krankheiten kann auf Körperflüssigkeiten wie zum Beispiel Blut, Galle, Lymphflüssigkeit, Urin u.s.w. hingewiesen werden. Das *Schiff* kann auch eine exotische Krankheit meinen. Liegt das *Schiff* beim *Schlüssel:* Eine Kneippkur würde gut tun.

4. Das Haus

Positive Karte
Treffwörter: Häusliche Umstände, ein Haus, Glück

Traditionell
Diese Karte bringt Glück in jeder Situation. Für die Zukunft können Sie eine Verbesserung erwarten. Sie dürfen Ihrer Umgebung aber nicht vertrauen, wenn das *Haus* in der Mitte des Spieles liegt und zudem unter Ihrer Personenkarte.

Allgemein
Diese Karte gibt Auskunft über Ihr Haus/Ihre Wohnung und das häusliche Leben. Zudem hat das *Haus* eine positive Bedeutung. Genau wie der *Klee* zeigt diese Karte an, dass die Umstände besser werden.

Kombinationen
- Das *Haus* mit dem *Storch:* ein Umzug
- Die *Schlange* beim *Haus* kann auf ein Leck hinweisen oder auf die Gasinstallation.
  Wollen Sie ein Haus/eine Wohnung kaufen und liegt bei der *Schlange* auch noch eine negative Karte, dann hat das Haus/die Wohnung verborgene, verheimlichte (= Lügen) Defekte und Mängel.
- Steht der *Baum* beim *Haus,* erzählt uns das, dass etwas mit dem Haus/der Wohnung nicht in Ordnung ist. Möglicherweise ist das Haus nicht gut für Ihre Gesundheit.
- Die *Fische* beim *Haus* deuten auf ein großes Haus/eine große Wohnung.
- Die *Mäuse* beim *Haus* weisen auf Mängel in der Wohnung/im Haus. Es kann auch eine Warnung vor Diebstahl im Hause sein.

Ratschlag
Bleiben Sie für eine Weile ruhig zu Hause. Konzentrieren Sie sich auf Ihre Wohnung und Ihre häusliche Situation.

Charakter
Eine zuverlässige befreundete Person, die fest auf beiden Beinen steht – auch in Krisensituationen.

Äusseres Erscheinungbild
Die Figur ist nicht kräftig, vielleicht ein bisschen mollig. Die Haarfarbe geht von hellbraun bis schwarz. Der Blick kann expressiv, aber auch träumerisch sein.

Gesundheit
Liegt das *Haus* beim Arzt *(Baum + Wolken)*, wird auf den Hausarzt gewiesen. Liegt diese Karte beim *Schlüssel*, ist es besser, sich für eine Weile zuhause auszuruhen. In der Regel deutet diese Karte nicht auf eine ernste Gesundheitssituation hin. Da das *Haus* eine positive Karte ist, können Sie eine Verbesserung erwarten.
Sehen Sie den *Baum* beim *Haus* stehen, ist es aber ratsam nachzusehen, ob etwas mit Ihrer Wohnung nicht in Ordnung ist.

Personenkarte
Diese Karte ist zudem eine *Personenkarte* und hat in diesem Zusammenhang nichts mit der sonstigen Kartenbedeutung zu tun.
Das *Haus* zeigt einen erwachsenen Mann. Es kann sich um einen Mann mit der Sonne im Zeichen *Krebs, Skorpion* oder *Fische* handeln. Er ist sensitiv und sozial. Eventuell verbirgt er seine Gefühligkeit hinter einer kühlen Maske. Diese Karte kann auch auf den Vater oder einen väterlichen Freund hinweisen.

5. Der Baum

Negative Karte
Treffwörter: Gesundheit und Krankheit, etwas ist nicht in Ordnung

Traditionell
Liegt diese Karte bei Ihrer *Personenkarte,* weist dieses auf eine Krankheit hin. Steht der *Baum* aber in der Ferne, haben Sie gesundheitlich nichts zu befürchten. Liegt diese Karte bei Karten, auf denen auch Bäume abgebildet sind, können Sie eine glückliche Zukunft erwarten, alle Ihre Wünsche werden erfüllt werden.

Allgemein
Trotz des hübschen Bildes deutet der *Baum* auf eine Krankheit hin oder er zeigt an, dass etwas nicht in Ordnung ist. Das ist abhängig von der Position dieser Karte und den direkt umliegenden Karten.
Befindet der *Baum* sich unter Ihrer *Personenkarte,* wird zwar gekränkelt, aber es bereitet Ihnen nicht viel Ärger. Liegt der *Baum* neben Ihrer *Personenkarte,* sorgt er schon für größere Beschwerden. Sehen Sie den *Baum* über Ihrer *Personenkarte,* sind die Beschwerden größer, Sie müssen jetzt die Krankheit zugeben. Die direkt umliegenden Karten weisen auf die Art und den Ernst der Krankheit hin.

Kombinationen
- Der *Baum* bei einer *Personenkarte:* Ein Bekannter ist krank.
- Liegt der *Baum* beim *Schiff,* sind die Finanzen nicht in Ordnung. Auch kann es sich um eine tropische Krankheit handeln oder es ist etwas mit einer Reise nicht in Ordnung.
- Die *Schlange* beim *Baum* zeigt eine verringerte Widerstandskraft an, man hat schnell eine Infektion. Liegt auch noch der *Garten* dabei, handelt es sich um eine Epidemie, wie z.B. die Grippe. Die *Schlange* kann auch auf eine Vergiftung hinweisen.

- Liegen die *Schlange* und der *Mond* beim *Baum*, kann dieses hinweisen auf eine eingebildete Krankheit oder auf eine Vergiftung, die mit der Arbeit/dem Arbeitsplatz zusammenhängt. Der *Mond* und die *Schlange* zeigen auch einen Rückfall in alte, schlechte Gewohnheiten an.
- Zusammen mit den *Mäusen* zeigt der *Baum* eine Krankheit an, entstanden durch ein Defizit, eine Mangelerscheinung.
- Sehen Sie den *Sarg* mit den *Blumen* beim *Baum*, verursacht die Krankheit eine sehr starke Übermüdung.
- Liegt der *Sarg* beim *Baum*, ist es ratsam, zum Arzt zu gehen. Der *Sarg* kann zudem bedeuten, dass der Körper mit einer Elimination (Großreinemachen) beschäftigt ist.
- In Kombination mit dem *Kreuz* kann der Krankheitsverlauf sich hinschleppen. Achten Sie zudem auf die Zähne, Knochen und Gelenke. Das *Kreuz* kann auch eine Verengung oder eine Obstruktion (z.B. Nieren- oder Gallensteine) anzeigen.
- Zusammen mit der *Rute* wird auf Fieber, eine Entzündung oder starke Irritation hingewiesen. Ein Beispiel einer möglichen Kombination: Bei Ihrer *Personenkarte* liegen der *Baum*, das *Kreuz* und die *Rute*. In diesem Falle ist es möglich, dass sich bei den Zähnen oder den Knochen (-gelenken) eine Entzündung befindet. Diese Kombination kann auf Rheuma weisen.
- Der *Baum* beim *Turm* weist auf ein Krankenhaus.
- Der *Baum* bei den *Wolken* zeigt einen Arzt. Sehen Sie die *Lilie* oder die *Fische* dabei liegen, handelt es sich um einen Heilpraktiker. Die *Lilie* verweist auf einen Heilpraktiker, der ohne Medikation arbeitet, wie z.B. einen Magnetiseur, einen Reiki-Meister, einen Gebetsheiler u.s.w. Die *Fische* verweisen auf einen Heilpraktiker, der mit Medikation arbeitet, wie z.B. einen Homöopathen, einen Bachblütentherapeuten, einen Kräuterheilkundigen u.s.w.
- Liegt die *Schlange* beim Arzt *(Wolken + Baum)*, könnte der Arzt sich täuschen/irren, und es ist ratsam eine zweite Meinung zu hören.

Ratschlag

In oder mit Ihrem Leben, oder in Bezug auf Ihre Frage, ist etwas nicht in Ordnung. Zuallererst müssen Sie etwas daran ändern.

Charakter
Diese Karte gibt eine negative und übermässig kritische Einstellung wieder. Man richtet sich zu sehr nach dem, was nicht „richtig“ ist. Diese Einstellung ist nicht gesund für den Körper und die Seele.

Äusseres Erscheinungbild
Auf die eine oder andere Weise ist eine Krankheit wahrzunehmen, z.B. durch die ungesunde Gesichtsfarbe, die Art, wie man sich bewegt, oder durch einen typischen Geruch. Etwas deutlicher: ein Arm oder Bein ist eingegipst, man trägt einen Nackenkragen u.s.w.

Gesundheit
Im Abschnitt Kombinationen konnten Sie schon einiges lesen, da diese Karte an sich von Krankheit und Gesundheit spricht.

6. Die Wolken

Negative Karte
Treffwörter: Schwierigkeiten, Probleme, ein Hindernis

Traditionell
Sie befinden sich in einer unangenehmen Situation. Liegt die helle Seite der Karte bei Ihrer *Personenkarte*, bedeutet dieses Glück. Liegt aber die dunkle Seite dieser Karte bei Ihrer *Personenkarte*, werden Sie ein großes Hindernis auf Ihrem Wege finden.

Allgemein
Mit dieser Karte zieht ein schweres Gewitter auf. Ein Hindernis befindet sich auf Ihrem Weg. Das Problem ist schon besiegt, wenn die helle Seite der Karte bei Ihrer *Personenkarte* liegt. Sehen Sie aber die dunkle Seite der Karte bei Ihrer *Personenkarte*, müssen Sie das Problem noch lösen. Die direkt umliegenden Karten geben Informationen über die Art und den Ernst des Hindernisses. Sehen Sie positive Karten, kann das Problem halb so schlimm sein oder Sie bekommen Hilfe. Negative Karten verstärken den Ernst des Problems.

Kombinationen
- Liegt die *Sonne* bei den *Wolken*, kommt Einsicht in das Problem.
- Der *Klee* und das *Haus* verringern das Problem oder Sie haben das Schlimmste schon hinter sich.
- Der *Schlüssel* zeigt an, dass das Problem sehr entscheidend ist für Ihre weitere Entwicklung. Es bringt ihnen wichtige Erkenntnisse und/oder es macht Sie stärker.
- Folgen die *Sterne* als Resultatenkarte, dann haben Sie dieses Problem nötig, um etwas total Neues zu entdecken.
- Zusammen mit dem *Sarg:* der eingeschlagene Weg stellt eine Sackgasse dar.

- Neben dem *Turm:* eine offizielle Instanz. Liegt der *Hund* dabei, bekommen Sie Hilfe von einem Funktionär oder Beamten.
- Die *Wolken* beim *Baum:* ein Arzt
- Negative Karten wie z.B. der *Berg,* der *Fuchs,* die *Schlange,* die *Sense* und die *Rute* verstärken die blockierende und problematische Wirkung der *Wolken.*

Ratschlag

Es ist unvernünftig, auf dem eingeschlagenen Weg weiterzugehen. Untersuchen Sie erst die Art des Hindernisses. Es kann nützlich sein, die Hilfe und den Rat einer maßgeblichen Person, einer Autorität auf dem Gebiet, einzuholen.

Charakter

Die Person verlangt von anderen Respekt. Sie fühlt sich zu „respektablen" Berufen hingezogen. Diese Karte zeigt auch eine Autorität oder einen Beamten.

Äußeres Erscheinungsbild

Der Körperbau variiert von lang und mager bis hin zu mollig. Die Haarfarbe ist meistens braun, genau wie die Augenfarbe. Diese Person strahlt Autorität aus.

Gesundheit

Auch in Gesundheitsfragen zeigt diese Karte auf ein Hindernis, das blockiert. Es kann sich um eine Obstruktion im Körper handeln, wie z.B. Gallensteine, die den Fluß der Galle blockieren, ein Gerinnsel oder einen fremden Gegenstand u.s.w. Zusammen mit dem *Baum* wird der Arzt angezeigt.

Personenkarte

Diese Karte ist zudem eine Personenkarte. In dieser eigenen Bedeutung hat sie nichts zu tun mit dem Inhalt der Karte. Als *Personenkarte* zeigen die *Wolken* einen erwachsenen Mann, der praktisch und vorsichtig ist. Es kann sich um einen Mann handeln mit der Sonne im Zeichen *Stier, Jungfrau* oder *Steinbock.* Er hat Organisationstalent, ist ernst und kann Verantwortung tragen.

7. Die Schlange

Negative Karte
Treffwörter: Täuschung, Irreführung, Lügen, Betrug, Verwirrung, Träume, Phantasie

Traditionell
Diese Karte ist ein Unglücksbote. Liegt die *Schlange* nahe bei Ihrer *Personenkarte,* dann deutet sie auf ein sich näherndes Unglück hin. Liegt diese Karte weiter weg, dann entfernt sich das Unglück. Die *Schlange* gibt Ihnen den Rat, sich vor Heuchlern und Verrätern zu hüten, die ihnen etwas antun wollen.

Allgemein
Diese Karte verweist auf Dinge, die man nicht „anfassen" kann: Täuschung, Lügen, Betrug, Chaos. Aber sie zeigt auch die Welt der Phantasie und der Träume. Diese Karte hat eine große Reichweite: sie fängt an bei Alkohol und Drogen, die man konsumiert, um der Realität zu entfliehen bis hin zur Medizin (wovon die Wirkung auch auf der Chemie beruht) und dem Showbusiness. Die *Schlange* kann auf Schwierigkeiten mit der materiellen Wirklichkeit weisen, aber auch auf Erfahrungen mit anderen Wirklichkeiten/Welten. Meistens verweist diese Karte aber auf List, Lüge und Betrug.
Die direkt umliegenden Karten geben Informationen über die Art des Betruges oder in welcher Situation Sie in die Irre geführt werden. Liegt diese Karte bei Ihrer *Personenkarte,* dann beurteilen Sie vielleicht sich selbst oder eine Situation falsch. Es kann sich um eine zeitlich begrenzte Verwirrung handeln, aber in einem solchen Zustand laufen Sie Gefahr, „falsche" Menschen anzuziehen, mit dem Risiko betrogen zu werden.

Kombinationen
- Neben dem *Mond:* ein Rückfall in eine alte, schlechte Gewohnheit. Steht der *Mond* für den Beruf, bedeutet das nicht per se, dass Sie ein Berufsbetrüger sind, diese Kombination kann auf einen Beruf in der Chemie oder auf Vergiftung durch die Arbeit hindeuten.

- Zusammen mit dem *Mond* und dem *Garten:* Arbeit in der Welt von Film und Fernsehen – Showbusiness.
- Neben dem *Reiter* und einer *Personenkarte:* Jemand versucht, Ihnen eine Lügengeschichte aufzutischen.
- Liegt das *Schiff* dabei, mit oder ohne die *Fische,* hat die Lüge mit (viel) Geld zu tun.
- Befindet sich die *Sonne* über oder neben der *Schlange,* wird eine Unwahrheit ans Licht kommen.
- Die *Schlange* zusammen mit der *Sense* deutet auf irreale, eingebildete Ängste hin.

Ratschlag

Hüten Sie sich vor (Selbst-) Täuschung, Alkohol und anderen Drogen. Es ist aber günstig, wenn Sie auf Ihre Träume und Phantasien achten.

Charakter

Sensibel, phantasievoll, verträumt, möchte keine Verantwortung tragen. Die Person hat die Neigung, aus der Wirklichkeit zu flüchten und in ihrer eigenen Phantasiewelt zu leben. Diese Karte kann bedeuten, dass man die Wahrheit nicht so wichtig findet (ein kleiner Lügenbold).

Äußeres Erscheinungsbild

Meistens schlank, aber manchmal Neigung zur Molligkeit. Die Haar- und Augenfarbe ist zumeist braun. Der Blick ist ernst und offen. Manchmal bedeutet die *Schlange* einen durch Alkohol oder/und Drogen verwüsteten Körper.

Gesundheit

Auch bei diesem Thema symbolisiert die *Schlange* Täuschungen, sicher wenn Sie neben dem Arzt *(Wolken + Baum)* liegt. Es kann sich auch um eine Vergiftung handeln (durch Junkfood, Medizin, Drogen u.s.w.) oder der Körper hat Schwierigkeiten mit der Analyse, was er ausscheiden muss und was nicht. Die *Schlange* deutet zudem auf verminderte Abwehrkräfte und ein Infektionsrisiko hin. Zusammen mit dem *Schlüssel* kann die *Schlange* auf die Wichtigkeit der Phantasie hinweisen.

Meditation mit oder ohne geleiteter Phantasie, aktive Imagination oder z.B. meditatives Malen u.s.w. können sehr nützlich und heilsam sein. Auch das Lesen von Märchen und Gedichten oder das Selbstschreiben kann ratsam sein. Sie können auch einmal Musikimprovisation und intuitives Tanzen probieren. Liegt auch noch das *Kind* in der Nähe, dann lassen Sie einmal alles los und verlieren Sie sich total in einer Beschäftigung, so wie die Kinder das noch können.

Personenkarte

Die *Schlange* ist zudem eine *Personenkarte* und steht damit qua Bedeutung nicht im Zusammenhang mit dem Karteninhalt. Es wird eine praktisch eingestellte Frau mit viel Organisationstalent charakterisiert. Möglicherweise hat sie die Sonne im Zeichen *Stier, Jungfrau* oder *Steinbock*. Sie ist ernsthaft und hat Verantwortungsgefühl. Am liebsten trägt sie praktische, einfache Kleidung aus Naturmaterialien.

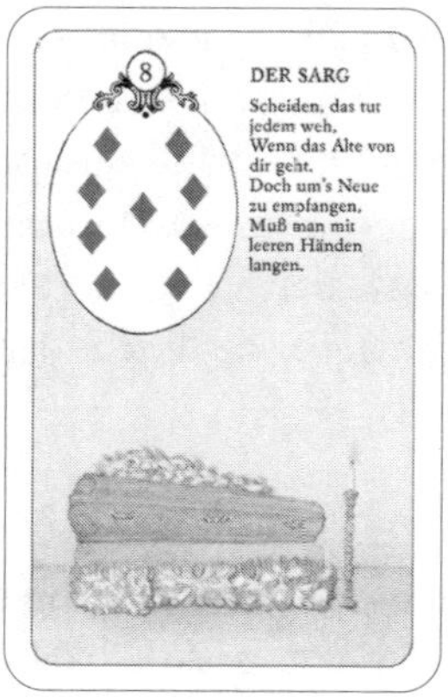

8. Der Sarg

Negative Karte
Treffwörter: Transformation, das Ende von etwas

Traditionell
Diese Karte zeigt eine ernste Situation an. Befindet sich der *Sarg* in der Nähe Ihrer *Personenkarte,* kann er eine schwere Krankheit andeuten, vielleicht sogar den Tod. Positive Karten verringern die Gefahr des *Sarges.*

Allgemein
Liegt diese Karte in der Nähe Ihrer *Personenkarte,* so werden Sie sich nicht wohl fühlen. Wahrscheinlich machen Sie eine Krise durch, die verbunden ist mit einer Depression. Dies ist die Folge einer notwendigen „Saubermachaktion“ in Ihrem Innenleben. Der *Sarg* mahnt uns, dass es Zeit ist, im Zusammenhang mit den Gebieten, auf die die umliegenden Karten hinweisen, bestimmte Ideen, Gedanken und Gefühle loszulassen. Ein Verlust verursacht in der Regel Trauer und Leid, auch dann, wenn wir uns von etwas Negativem trennen (müssen). Eine derartige Transformationsperiode machen wir alle einige Male im Leben durch. Solang wir mittendrin sitzen, haben wir das Gefühl, keine Kontrolle über uns selbst zu haben und bestimmte Gefühle werden sehr stark. Wir lassen los. Der Verlust kann zusammenhängen mit einem Verlust in der materiellen Welt. Das Ende einer Periode kann angedeutet werden. Wenn Sie alles hinter sich haben, werden Sie sich zumeist erleichtert fühlen. Sie sind alten, unnützen Ballast losgeworden, wodurch Platz für etwas Neues entsteht. Diese Karte kann auch auf Machtsspiele deuten und/oder auf eine große psychische Kraft. Der *Sarg* intensiviert jede direkt umliegende Karte und verweist auf einen Transformationsprozess.

Kombinationen
- Liegen nicht nur der *Sarg,* sondern auch noch die *Wolken* auf Ihrem Weg, dann können Sie Ihre bisherigen Pläne ruhig vergessen. In diesem Fall müssen Sie einen ganz neuen Weg suchen.

- In Kombination mit dem *Mond* müssen Sie sich vor schwarzer Magie hüten oder die Arbeit hört auf.
- Zusammen mit dem *Ring* kann es sich um eine zwanghafte und unglückliche Ehe handeln und/oder das Ende des Verhältnisses ist nah. Sehen Sie in diesem Falle nach, ob der *Turm* mit dem *Schlüssel* (Scheidung) in der Nähe liegt.
- Zusammen mit den *Blumen* kann man ein Geschenk anbieten mit manipulativem Hintergrund. Doch diese Kombination kann auch eine große Übermüdung bedeuten und/oder einen ruhig und von selbst verlaufenden Transformationsprozess.
- In Kombination mit dem *Schiff* und/oder den *Fischen* kann schwarzes Geld angedeutet werden.
- Der *Sarg* zusammen mit dem *Schlüssel* rät uns, etwas loszulassen oder wegzutun.
- Die *Wolken*, der *Baum* und der *Sarg* zusammen zeigen einen Chirurgen an.

Ratschlag
Lassen Sie die Sache völlig los.

Charakter
Als Charakterkarte kann der *Sarg* eine große innere Kraft andeuten oder auf ein starkes Bedürfnis nach Macht und Kontrolle über die Umgebung hinweisen. Diese Person sieht alles extrem – schwarz/weiss –, weil sein/ihr Gefühlsleben sehr intensiv ist.

Äußeres Erscheinungsbild
Eine normale oder kräftige Statur, dunkle Haare und dunkle Augen. Die Augen haben einen scharfen Adlerblick, mysteriös und untersuchend. Diese Person besitzt eine magnetische Anziehungskraft.

Gesundheit
In Prinzip weist der *Sarg* auf eine (Gesundheits-) Krise hin. Liegt diese Karte neben dem Arzt *(Wolken + Baum)*, wird ein Chirurg angedeutet. Neben den *Blumen:* Sie sind erschöpft und müssen sich dringend ausruhen. Liegt der *Sarg* beim *Schlüssel*, kann das andeuten, dass eine Operation der gewiesene Weg ist.

9. Die Blumen

Positive Karte
Treffwörter: Ein Geschenk, Ruhe und Frieden

Traditionell
Diese Karte bringt das vollkommene Glück auf allen möglichen Gebieten.

Allgemein
Diese Karte ist eine passive Karte, es wird keine Aktion angedeutet. Die *Blumen* weisen auf Ruhe und Zufriedenheit hin und kündigen dazu ein Geschenk an: Sie bekommen etwas, ohne dafür etwas tun zu müssen. Sind die *Blumen* die Resultatenkarte, werden Sie sehr zufrieden darüber sein. Ebenso können die *Blumen* eine Periode andeuten, in der alles wie von selbst geht. Eine ideale Periode, um sich zu entspannen, angenehme Erlebnisse zu haben und vor allem um wieder zu Kräften zu kommen. Das Schlüsselwort für diese Karte ist: Lassen Sie es geschehen. Eine passende chinesische Redewendung sagt: „*In Zeiten von Unfrieden setze ich mich ruhig ans Flußufer und warte ab. Mit der Zeit werde ich die Leichen meiner Feinde von selbst vorbeitreiben sehen.*" Wenn wir gelassen und positiv bleiben, fallen uns die guten Dinge von selbst in den Schoß. Diese Karte mildert den Einfluss von eventuell umliegenden schwierigen Karten.

Kombinationen
- Liegt diese Karte beim *Schiff*, bekommen Sie vielleicht Geld geschenkt oder es kommt eine angenehme, entspannte Urlaubsreise auf Sie zu.
- Zusammen mit dem *Sarg* wird starke Übermüdung angedeutet, aber auch ein von selbst verlaufender Transformationsprozess. Bekommen Sie mit dieser Kombination ein Geschenk, ist die Möglichkeit groß, dass dies mit einer manipulativen Beibedeutung geschieht.
- In Kombination mit dem *Herz* wird eine warme, zufriedene und glückliche Liebe angedeutet.

- Zusammen mit den *Mäusen:* Mangel an Ruhe und Entspannung. Liegt diese Kombination aber bei Ihrer *Personenkarte,* will das sagen, dass Sie die so vermisste Ruhe und Entspannung zurückbekommen werden.

Ratschlag

Warten Sie in aller Ruhe ab und bleiben Sie positiv. Tun Sie nichts und schauen Sie in aller Ruhe, was auf Ihrem Weg auf Sie zukommt. Greifen Sie (noch) nicht aktiv in die Situation ein.

Charakter

Man ist ruhig und zufrieden, weil man sich konzentriert auf alles, was gut und schön ist. Man ist auch einigermassen passiv (vielleicht sogar „a bisserl" bequem).

Äußeres Erscheinungsbild

Diese Person ist in der Regel schlank, sie ist klein bis durchschnittlich groß. Die Haarfarbe ist blond bis hellbraun. Die Augenfarbe ist blau bis hellgrau.

Gesundheit

In der Regel weist diese Karte auf eine gute Gesundheit hin oder den guten Verlauf einer Krankheit.

- Beim *Baum* gelegen: Die Krankheit ist oder wird weniger ernst.
- Bei den *Mäusen* und nicht nahe bei ihrer *Personenkarte:* Es besteht ein Mangel an Ruhe und Entspannung.
- Beim *Schlüssel:* Ruhe und Entspannung sind unentbehrlich für die Heilung.
- Beim Arzt *(Baum + Wolken):* Es kann sich um einen Heiler/Therapeuten handeln, der mit Yoga, Meditation und/oder Entspannungstechniken arbeitet. Diese Kombination kann auch einen nicht allzu motivierten Arzt andeuten.

Personenkarte

Diese Karte ist auch eine *Personenkarte* und hat in diesem Zusammenhang nichts zu tun mit der sonstigen Kartenbedeutung. Die *Blumen* stellen eine mental eingestellte, kommunikative Frau vor. Wahrscheinlich steht ihre Sonne im Zeichen *Zwilling, Waage* oder *Wassermann.* Sie liebt ein gut gefülltes Portemonnaie. Menschliche Kontakte und Kommunikation sind für sie ein Basisbedürfnis.

10. Die Sense

Negative Karte
Treffwörter: Gefahr, Angst, Bruch (in einem Verhältnis)

Traditionell
Diese Karte prophezeit eine drohende Gefahr. In dem Falle müssen Sie schauen, ob die *Sense* durch positive Karten umgeben ist, dann wird man kein Opfer von der Gefahr. Wenn sich keine positiven Karten bei der *Sense* befinden, wird die Situation hoffnungslos.

Allgemein
Es ist nicht angenehm, diese Karte neben seiner *Personenkarte* zu sehen. Sie warnt vor einer Gefahr. Zum einen kann die *Sense* einen zeitlich begrenzten Bruch in einem Verhältnis andeuten. Auf der psychischen Ebene weist die *Sense* auf Angst hin. Neben einer *Personenkarte* liegend kann die *Sense* davor warnen, dass diese Person Schlechtes mit uns vorhat. Auch kann es sein, dass Sie einen gefährlichen Plan haben. Weitere Auskünfte geben die umliegenden Karten.

Kombinationen
- Liegt die *Schlange* dabei, kann es sich um eingebildete, irreale Ängste handeln.
- Die Kombination die *Sense*, das *Schiff* und die *Mäuse* warnt vor mangelndem Geld. Es kann sich zwar um einen Diebstahl handeln, aber auch darum, dass das benötigte Geld, mit dem man rechnet, nicht da ist. Weil die *Sense* eine Rolle spielt, bedeutet dies, dass der Geldmangel eine absolute Bedrohung für Ihre Planung darstellt.
- Die Kombination mit dem *Sarg* kann auf eine extrem gefährliche Situation oder auf große Ängste hinweisen: Angst vor dem Loslassen, Angst vor dem Tod, Angst vor einer Operation, Angst vor dem Unbekanntem u.s.w. Diese Angst kann die Form von Panikanfällen und Phobien annehmen.
- Zusammen mit dem *Storch:* eine Veränderung kündigt sich an, die verbunden ist mit Angst, Gefahr oder mit einem Bruch. Auch diese Kombination kann Angst vor einer (nötigen) Veränderung anweisen.

- Mit der *Sonne:* Angst, im Rampenlicht zu stehen, „gesehen" zu werden.
- Mit dem *Ring:* eine vorübergehende Trennung, ein zeitlich begrenzter Bruch. Dies wird auch angedeutet, wenn sich der *Ring* links von Ihrer *Personenkarte* befindet und die *Sense* liegt neben dem Partner, der die vorübergehende Trennung verursacht.

Ratschlag

Diese Karte warnt Sie vor einer Gefahr. Haben Sie Pläne und die *Sense* liegt dabei, ist es vernünftiger, erst noch einmal alles gründlich zu kontrollieren. Auch rät diese Karte, für eine Weile mit etwas oder jemanden zu brechen, bis alles wieder in Ordnung ist.

Charakter

Eine ängstliche Person. Zudem kann die Karte anzeigen, dass man die Konsequenzen seiner Taten nicht akzeptiert. Dieser unerwachsene Zug kann auch zu einem körperlich Erwachsenen gehören, dann ist die geistige Entwicklung in der Pubertät steckengeblieben.

Äußeres Erscheinungsbild

Diese Karte gibt keine Informationen über die äussere Erscheinung der Person.

Gesundheit

Zwar kann diese Karte eine gefährliche Situation anzeigen (wenn die direkt umliegenden Karten das bestätigen), aber es kann auch bedeuten, dass man in Bezug auf die Gesundheit zu besorgt ist. Und das ist sicherlich nicht gesund. Suchen Sie den *Schlüssel* und die ihn umringenden Karten, um herauszufinden, wie Sie diesen Ängsten begegnen können.

Personenkarte

Diese Karte ist auch eine *Personenkarte.* In diesem Kontext hat sie nichts zu tun mit der sonstigen Kartenbedeutung.
Die *Sense* zeigt uns ein Kind, das begeisterungsfähig und ich-bezogen ist und andere mitreißen kann. Es kann sich um ein Kind mit der Sonne im Zeichen *Widder, Löwe* oder *Schütze* handeln. Durch seine Jugend kann dieses Kind wahrscheinlich seine Energie noch nicht so gut kanalisieren.

11. Die Rute

Negative Karte
Treffwörter: Zwietracht, Differenz, Streit, erbost sein

Traditionell
Die *Rute* bringt Zank und Streit und sät Zwietracht in der Familie. Diese Karte kann auch eine lange Krankheit und Fieberanfälle anzeigen.

Allgemein
Diese sehr aktive, energische Karte zeigt Aktion und Hitze. Natürlich gehören Streit und Uneinigkeit zu dieser Energie. Die direkt umliegenden Karten bestimmen die Art des Streites. Sehen Sie positive Karten über der *Rute* liegen, kann es sich um eine Auseinandersetzung handeln, die wie ein „reinigendes Gewitter" wirkt. Der Himmel ist danach wieder heiter. Vor allem Frauen haben Schwierigkeiten mit dem Ausleben diesen Energien von Aggression und Selbstbehauptung. Aber in bestimmten Situationen ist diese Energie unentbehrlich, z.B. um etwas aufzubauen und durchzusetzen. Auch in der Kindererziehung müssen Grenzen bestimmt und verteidigt werden. Diese Energie wird durch die *Rute* dargestellt. Die Reichweite geht von Selbstbehauptung, Aggression bis hin zur sinnlosen Gewalt.

Kombination
- Die *Schlange* bei der *Rute* deutet auf Energieverlust hin, weil man z.B. nicht gut geerdet ist. Es kann aber auch anzeigen, dass man seine Energie gerne gebraucht, um anderen zu helfen. Man kann auch dazu neigen, diese (männliche) Energie zu romantisieren: Der rettende Engel – oder – Der Ritter auf dem weißen Ross.
- Liegt das *Kreuz* neben der *Rute,* ist die Energie an sich verringert oder Sie äussern Ihre Wut nicht.
- Das *Herz* bei der *Rute* bedeutet Sexualität.

- Die *Rute* beim *Mond* kann Streit auf dem Arbeitsplatz anzeigen, aber auch, dass sehr hart gearbeitet wird.
- Zusammen mit den *Mäusen:* es wird Energie verloren, so dass man zuwenig Energie hat zu handeln.

Ratschlag
Es ist vernünftig, energisch etwas zu unternehmen und sich selbst zu behaupten.

Charakter
Alle „Kinderkarten" können bei der Charakterbestimmung anzeigen, dass man sich in mancher Beziehung noch weiterentwickeln muss.
Liegt die *Rute* bei einer *Personenkarte,* kann dies andeuten, dass diese Person viel Energie hat, die Initiative ergreift und/oder aggressiv ist.

Äußeres Erscheinungsbild
Die Körperlänge reicht von einer kleinen bis normalen Grösse. Der Körper kann muskulös sein.

Gesundheit
Die *Rute* weist auf Entzündung und Fieber hin – sicher wenn sie beim *Baum* liegt.
Liegt sie aber beim *Schlüssel,* ist es wichtig für die Gesundheit, aktiver zu werden und z.B. Sport zu treiben.

Personenkarte
Diese Karte ist auch eine *Personenkarte* und hat in diesem Zusammenhang nichts mit dem sonstigen Karteninhalt zu tun. Es ist eine Kinderkarte. Das Kind ist ruhig und praktisch eingestellt. Es kann sich um ein Kind mit der Sonne im Zeichen *Stier, Jungfrau* oder *Steinbock* handeln.

12. Die Vögel

Negative Karte
Treffwörter: Kurzes Leiden

Traditionell
Liegen die *Vögel* bei Ihrer *Personenkarte*, bekommen Sie für kurze Zeit viele Schwierigkeiten und Leiden auf Ihrem Weg. Weiter entfernt weisen die *Vögel* auf eine glückliche Reise hin.

Allgemein
Diese Karte bringt Verdruss und Leiden, aber es dauert zum Glück nur kurze Zeit. Es geht um Schwierigkeiten, die man überwinden kann, wie z.B. das Verarbeiten einer Enttäuschung.
Die direkt umliegenden Karten geben weitere Information über die Art des Leidens. Der Verdruss kann auch inspirierend wirken. Sehen Sie positive Karten über den *Vögeln* liegen oder in der Zukunft (rechts), dann kündigt sich etwas Positives an, das zunächst Schrecken bringt, aber später große Erleichterung.

Kombinationen
- Bei der *Sonne* weist diese Karte auf Inspiration und Einsicht, manchmal auch auf Hellsehen.
- Liegen die *Blumen* bei den *Vögeln*, dann werden sich die Schwierigkeiten von selbst lösen.
- Sehen Sie den *Sarg* bei den *Vögeln* liegen, ist das Leiden sehr stark, aber doch eben kurz.
- Liegt der *Mond* bei den *Vögeln*, kann dieses Geborgenheit und Versorgung andeuten. Dies kann auch für den Beruf gelten. Die Kombination kann auch auf kurze Schwierigkeiten am Arbeitsplatz hindeuten.
- Die *Vögel*, der *Schlüssel* und die *Lilie:* starke hellseherische Qualitäten.

Ratschlag
Sie müssen etwas unternehmen, um Lösungen für bestimmte Schwierigkeiten finden zu können. In diesem Fall werden sie nicht von selbst vorübergehen.

Charakter:
Nur diese eine Karte gibt wenig Auskunft über den Charakter. Die Person ist schnell traurig, aber die Trauer ist auch bald wieder vergessen.

Äußeres Erscheinungsbild
Diese Karte gibt keine Auskunft über das Äussere.

Gesundheit
Die Krankheit wird nicht lang dauern.
Liegen die *Vögel* neben dem *Schlüsssel* und der *Lilie:* ein guter Hellseher oder eine Hellseherin kann Ihnen weiterhelfen und/oder Sie haben Betreuung nötig.

13. Das Kind

Positive Karte
Treffwörter: Gute Gesellschaft, Integrität, ein Kind

Traditionell
Liegt das *Kind* bei Ihrer *Personenkarte,* sind Sie in guter Gesellschaft. Das *Kind* steht für Gutherzigkeit und Freundlichkeit.

Allgemein
Die Abbildung des *Kindes* zeigt Offenheit und Integrität. Es wird keine Maske getragen, man offenbart sich so, wie man ist. Hierdurch bekommt diese Karte eine sympathische Naivität. Sie verweist zudem ganz allgemein auf ein Kind. Liegt das *Kind* bei Ihrer *Personenkarte,* sind Sie mit dem Kind eng verbunden oder haben einen starken Kinderwunsch.

Kombinationen
- Liegt der *Schlüssel* beim *Kind,* kann es notwendig sein, Ihrem inneren (oder äusseren) Kind mehr Aufmerksamkeit zu schenken. Sie können noch einiges von Ihrem Kinde lernen.
- Sehen Sie beim *Schlüssel* und dem *Kind* auch die *Vögel* liegen, hat Ihr Kind eine kurze traurige Phase und Ihre Aufmerksamkeit nötig.
- Der *Ring* beim *Kind* zeigt ein ehrliches und offenes Verhältnis.
- Liegt das *Kind* beim *Mond* und dem *Storch,* wird eine Schwangerschaft angezeigt.
- Zusammen mit den *Sternen:* das *Kind* wird Ihre Existenz mit neuer Inspiration und Kreativität bereichern.

Ratschlag
In der Regel zeigt das *Kind* uns, wie man ohne Strategie und Vorbereitung spontan handeln kann. In Bezug auf Körperbewegung suggeriert das *Kind* Ballspiele und andere spielerische Mannschaftssportarten.

Auf der künstlerischen Ebene zeigt uns das *Kind*, dass die Beschäftigung wichtiger ist als das Resultat. Fingermalen, nur so ein bisschen zeichnen, tanzen und springen, rumdudeln auf einem Instrument, alles ohne Leistungszwang, im Gegenteil, es darf dabei herzlich gelacht werden.

Charakter
Diese Person ist offen und ehrlich, vielleicht sogar erfrischend naiv.

Äußeres Erscheinungsbild
Die Haltung ist entspannt, der Blick ist offen. Die Person hat neugierige, leuchtende Augen.

Gesundheit
Diese Karte hat nicht direkt etwas mit Ihrer Gesundheit zu tun. Sie weist auf Kinderkrankheiten hin.
Sehen Sie den *Baum* beim *Kind* liegen, dann achten Sie auf die Gesundheit Ihres Kindes.

Personenkarte
Diese Karte ist auch eine *Personenkarte*. In diesem Fall besteht kein Zusammenhang mit der sonstigen Kartenbedeutung.
Es wird ein kommunikatives, mental eingestelltes und bewegliches Kind angedeutet. Es kann sich um ein Kind mit der Sonne im Zeichen *Zwilling*, *Waage* oder *Wassermann* handeln.

14. Der Fuchs

Negative Karte
Treffwörter: Misstrauen, List und Betrug

Traditionell
Dicht bei Ihrer *Personenkarte* warnt der *Fuchs* davor, einigen Menschen aus Ihrer Umgebung nicht zu vertrauen. Diese versuchen, Sie zu betrügen.

Allgemein
Diese Karte zeigt einen Fuchs, der ein richtig listiger und schlauer Isegrim ist. Er zeigt nicht sein wirkliches Gesicht. Es kann sich um eine Person handeln, die sich Ihnen gegenüber als Freund (-in) ausgibt, aber hinter Ihrem Rücken tratscht und Ihnen schadet. Betrug, List und Intrigen sind die Schlüselwörter für diesen *Fuchs.* Sehen Sie nach den direkt umliegenden Karten, um die Art und Weise des Betruges herauszufinden.
Es gibt Situationen, in denen Verschlossenheit und strategisches Vorgehen gefragt sind, wie z.B. in der Politik und im Krieg. Wenn Sie die Karten einmal für das ganze Land legen, müssen Sie diesen Isegrim gut im Auge behalten.

Kombinationen
- Liegt der *Fuchs* beim *Mond,* findet sich der Betrug auf Ihrer Arbeitsstelle.
- Beim *Haus* warnt der *Fuchs* davor, Ihren Nachbarn zu trauen und/oder denjenigen, den Sie ins Haus lassen.
- Liegt der *Fuchs* beim *Turm* und den *Wolken,* dürfen Sie dem ach so freundlichen Beamten kein Vertrauen schenken.
- Sehen Sie das *Schiff,* vielleicht auch die *Fische* beim *Fuchs,* können Sie ruhig annehmen, dass jemand Sie auf eine listige Art und Weise finanziell übervorteilen will
- Beim *Ring* sagt uns der *Fuchs,* dass etwas nicht ehrlich gemeint ist in einem privatem oder beruflichem Verhältnis.

Ratschlag
Diese Karte rät immer, gut aufzupassen und nicht jedem zu vertrauen.

Charakter
Eine argwöhnische, verschlossene Person oder ein kleiner Stratege. Liegt auch noch die *Rute* dabei, hat diese Person, was die Folgen ihrer Tat betrifft, vielleicht keine Skrupel.

Äußeres Erscheinungsbild
Die Figur ist zumeist mager. Der Blick ist nicht offen, die Person behält aber immer die Umgebung im Auge.

Gesundheit
Diese Karte gibt keine direkte Auskunft über die Gesundheit. Liegt der *Fuchs* beim Arzt *(Baum + Wolken)*, kann der Arzt Ihnen oder der Sache misstrauen.

15. Der Bär

Überwiegend negative Karte
Treffwörter: Missgunst, Neid, allgemeine Negativität, mütterlicher Schutz

Traditionell
Der *Bär* müsste Ihnen Glück bringen, aber er zeigt auch an, dass andere neidisch sind und Ihnen das Glück nicht gönnen. Ferner steht der *Bär* für mütterlichen Schutz.

Allgemein
Diese Karte hat eine überwiegend negative Bedeutung, aber auch eine positive, wegen des mütterlichen Schutzes. Im allgemeinen zeigt der *Bär* Eifersucht und Neid an. Es ist wichtig, auf der Arbeit zu wissen, wer uns unsere Position nicht gönnt. Liegt der *Bär* bei Ihrer *Personenkarte,* kann es sein, dass Sie sich selbst nichts Gutes tun. Der *Bär* hat nicht immer mit Neid zu tun, oft weist er auf eine allgemein negative Einstellung hin.
In einem Liebesverhältnis zeigt der *Bär* Eifersucht an. Liegt auch noch der *Baum* dabei, geht es sogar um krankhafte Eifersucht, woran etwas geändert werden muss.
Es ist ratsam, sich die direkt umliegenden Karten anzugucken, um einschätzen zu können, ob die Neider uns wirklich etwas anhaben können. Ist das nicht der Fall, ist dieser Neid nicht Ihr Problem.

Kombinationen
- Liegt der *Fuchs* dabei, vielleicht mit anderen negativen Karten wie z.B. der *Rute,* müssen Sie gut aufpassen, weil die missgünstige Person Ihnen mit ihren Intrigen Schaden zufügen kann.
- Der *Bär* beim *Schiff* und/oder den F*ischen,* Sie werden um Ihr Geld beneidet.
- Mit dem *Herzen:* eine eifersüchtige Liebe.
- Der *Bär* bei der *Sonne:* jemand beneidet Sie wegen Ihrer Ausstrahlung.

Ratschlag
Haben Sie selbst negative Gefühle? Passen Sie auf vor Neidern in Ihrer Umgebung. Jemand gönnt Ihnen das Gefragte nicht.

Charakter
Diese Person hat eine allgemein negative Einstellung. Für ihn/sie ist das Gras bei den Nachbarn immer grüner als das im eigenen *Garten.*

Äußeres Erscheinungsbild
Diese Karte gibt keine Auskunft über das Äussere.

Gesundheit
Ich habe einige Male erlebt, dass jemand seine Krankheit leider als seinen gerechten Lohn betrachtet hat und sich selbst keine Heilung gönnte. Es kann auch sein, dass man schon lange krank ist und ohne Erfolg verschiedene Therapien über sich hat ergehen lassen. Dadurch glaubt man nicht mehr an eine Heilung, was der Heilung dann auch im Wege steht.

16. Die Sterne

Positive Karte
Treffwörter: ein Neubeginn, Erfolg, Zielbewusstsein

Traditionell
Diese Karte zeigt eine erfolgreiche Unternehmung an, wenn sie nicht bei den *Wolken* liegt. In diesem Fall erwartet Sie viel Misserfolg.

Allgemein
Die *Sterne* bringen Erfolg und die Möglichkeit, die gesellschaftliche Leiter emporzuklettern. Projekte und Unternehmungen werden gelingen, wenn die *Sterne* erscheinen. Wichtig: Neue Ideen werden geboren werden; ein neues Ziel kommt in unser Leben und wir streben zielbewusst darauf zu. Die *Sterne* geben uns Zielstrebigkeit und eine gute Portion Durchsetzungsvermögen.
Sehen Sie auch noch die *Wolken* dabei liegen, müssen Sie erst ein wichtiges Hindernis überwinden. Dieses Hindernis hat aber die Funktion, Sie aus Ihrem routinierten Alltagstrott zu reißen. Bekommen Sie die Karte der *Sterne* als Resultat, werden Sie sich dessen erfreuen können. Es geht um Glück, für das Sie hart gearbeitet haben. Jetzt ist es an der Zeit zu ernten.
Auch wenn Sie gerade eine lange Pechsträhne hatten, die *Sterne* geben ihnen Hoffnung auf eine bessere Zukunft. Etwas Neues und Gutes komt in ihr Leben. Sie können es am besten mit offenen Armen empfangen.

Kombinationen
- Die Kombination die *Sterne* und der *Mond* weisen auf etwas Erfolgreiches und Neues auf der Arbeitsebene hin.
- Die *Sterne* und das *Schiff* zeigen neue, finanzielle Ziele und/oder eine erfolgreiche Investition an.
- Die Kombination die *Sterne,* der *Schlüssel* und das *Herz* bringen eine ganz besondere Erfahrung, ein beeindruckendes Erlebnis, das ihr Herz öffnet und das Sie nie mehr vergessen werden.

- Zusammen mit der *Sonne* bringen die *Sterne* einen unerwartet, großen Erfolg, der mit einer sehr gelungenen Unternehmung zu tun hat.
- Die *Sterne* und der *Reiter:* Sie haben neue Ideen und Gedanken. Diese können Sie überzeugend vermitteln.
- Liegt das *Kind* bei den *Sternen,* wird eine junge Person – Ihr eigenes oder ein anderes Kind – Ihr Leben mit neuer Inspiration und Kreativität bereichern.

Ratschlag

Es liegen Ihnen keine Steine im Wege, die Ampel zeigt grünes Licht. Sie benötigen aber Willenskraft und Zielstrebigkeit. Es kann auch nichts schaden, einmal etwas ganz Anderes zu probieren.

Charakter

Diese Person hat einen starken Willen und ist tatkräftig. Er/Sie arbeitet zielbewusst, überzeugt vom Gelingen der Unternehmung. Der Erfolg wird zum Teil schon durch diese Einstellung bestimmt.

Äußeres Erscheinungsbild

Diese Person ist groß, vielleicht etwas füllig. Die Haltung ist selbstbewusst und kräftig. Sie kann herrlich „breit" lachen.

Gesundheit

Auch hier bringen die *Sterne* Erfolg. Wenn Sie eine schwere Operation vor sich haben, brauchen Sie keine Angst zu haben, der Eingriff wird gelingen. Liegen die *Sterne* beim *Schlüssel,* lautet der Rat, einmal etwas Neues, etwas Anderes zu probieren.

17. Der Storch

Neutrale Karte
Treffwörter: Veränderung, Verlegung, Umzug, Flexibilität

Traditionell
Liegt diese Karte bei Ihrer *Personenkarte,* werden Sie innerhalb kurzer Zeit umziehen. Liegt der *Storch* aber weiter weg, wird Ihre Lage sich für lange Zeit nicht ändern.

Allgemein
Diese Karte bedeutet Veränderung und/oder einen Ortswechsel. Es ist eine flexible Karte. Veränderung kann auch „veränderlich" bedeuten: „man hängt das Mäntelchen nach dem Wind". Dieser *Storch* ist unruhig. Er hat kein Sitzfleisch und streunt gerne herum, besucht Freunde u.s.w.
Der *Storch* braucht nicht unbedingt einen Umzug anzuzeigen. Alles im Leben ist veränderlich. Wenn es sich beim *Sarg* um eine drastische Veränderung handelt, verbunden mit Loslassenmüssen, zeigt der *Storch* eine mehr oder weniger „normale" Veränderung an, ob groß oder klein. Von welcher Art diese Veränderung sein wird, können Sie in den umliegenden Karten lesen.

Kombinationen
- Beim *Haus:* ein Umzug. Je näher diese Kombination bei Ihrer *Personenkarte* liegt, desto eher wird der Umzug stattfinden. Sehen Sie bei dieser Kombination auch das *Schiff* liegen, dann ziehen Sie vielleicht ins Ausland. Es können hiermit auch die Umzugskosten gemeint sein.
- Liegen die *Blumen* oder die *Lilie* beim *Storch,* findet die Veränderung im Geiste statt.
- Die Kombination das *Kind,* der *Mond* und der *Storch* weisen auf eine Schwangerschaft hin. Achten Sie auch auf diese Karte, wenn Sie etwas über die Hebamme wissen möchten.

Ratschlag

Seien Sie flexibel und offen für das, was Ihnen auf Ihrem Weg begegnet. Warten Sie noch ein Weilchen, bevor Sie sich zu definitiv entschliessen.

Charakter

Diese Karte verweist auf eine flexible und launische Person, die kein Sitzfleisch hat und sich nicht lange auf eine Sache konzentrieren kann. Diese Person ist gerne unterwegs und sehr hilfsbereit. Sie sorgt gern für jemanden.

Äußeres Erscheinungsbild

Die Figur ist schlank bis normal. Das Gesicht hat einen charmanten und freundlichen Ausdruck. Die Haarfarbe ist meistens braun, der Blick ist unruhig, schweift manchmal aber auch verträumt in die Ferne.

Gesundheit

Ein Hinweis auf einen Gynäkologen, wenn Sie beim Arzt *(Baum + Wolken)* liegt. Auch im Zusammenhang mit Gesundheitsfragen wird auf Veränderung und/oder Veränderlichkeit hingewiesen. Es kann sich z.B. um eine Krankheit mit wechselnden Symptomen handeln.

Liegt der *Storch* beim *Schlüssel,* wird Ihnen geraten, Ihre Haltung und Einstellung zu lockern.

Vielleicht haben Sie eine Physiotherapie nötig.

Personenkarte

Der *Storch* ist zudem eine *Personenkarte* und hat in diesem Zusammenhang nichts mit dem sonstigen Karteninhalt zu tun. Diese Karte deutet auf eine sensitive, sozial fühlende Frau hin. Es kann sich um eine Frau mit der Sonne im Zeichen *Krebs, Skorpion* oder *Fische* handeln.

Es ist für Sie wichtig, emotionalen Widerhall von Ihrer Umgebung zu bekommen. Sie ist mitfühlend und kann einen Hang nach (Selbst-)Mitleid haben.

18. Der Hund

Positive Karte
Treffwörter: Treue, aufrichtige Freundschaft, Zuverlässigkeit

Traditionell
Diese Karte charakterisiert aufrichtige und bleibende Freundschaft, wenn sie sich bei Ihrer *Personenkarte* befindet. Liegt Sie aber weit entfernt, müssen Sie mit Verrat rechnen. Liegen die *Wolken* beim *Hund,* können Sie Ihren sogenannten besten Freunden nicht vertrauen.

Allgemein
Man bezeichnet den Hund als den treuesten Freund des Menschen. Liegt diese Karte bei Ihrer *Personenkarte,* steht Ihnen ein treuer Freund oder eine treue Freundin zur Seite. Beim *Hund* finden Sie zudem gegenseitige Hilfe. Er verweist auch auf Zuverlässigkeit und Solidität. Der Hund ist folgsam und anhänglich, trotzdem folgt er seinem Instinkt. Diese Karte will auch sagen: Vertrauen Sie Ihrem Gefühl.
Die Karte beschreibt einen Weg von Freundschaft und Hilfsbereitschaft, wie wichtig es ist, seinen Instinkten zu vertrauen und sich selbst treu zu bleiben.

Kombinationen
- Liegt der *Hund* bei der *Sense,* könnte ein zeitlich begrenzter Bruch zwischen Ihnen und einer Freundin/einem Freund entstehen.
- Der *Hund* beim Partner (die *Dame,* beziehungsweise der *Herr*) und dem *Anker* zeigen Ihnen, dass Sie die Liebe und Treue Ihres Partners nicht in Zweifel zu ziehen brauchen. Diese Liebe ist eine bleibende oder lang dauernde.
- Der *Hund* beim *Kind* verweist auf eine besonders integere und hilfreiche Freundin/Freund.
- Der *Hund* beim *Berg* verweist auf Verdruss durch eine Freundschaft.
- Liegt der *Hund* bei den *Wolken:* eine Freundschaft ist blockiert. Es steht etwas im Wege. Nur wenn auch der *Fuchs* dabei liegt, brauchen Sie Verrat zu befürchten.

Ratschlag
Seien Sie ausdauernd und aufrichtig. Behalten Sie Ihr Ziel im Auge. Folgen Sie Ihrem Instinkt und bleiben Sie sich selbst treu. Der *Hund* kann Ihnen auch raten, die Hilfe und Unterstützung von Freunden zu suchen, da Sie die Sache wahrscheinlich nicht allein bewältigen können.

Äußeres Erscheinungsbild
Grosse, braune Rehaugen, eine „solide" Figur. Auch die Kleidung ist zumeist solide.

Charakter
Diese Karte deutet auf eine treue und ehrliche Person hin, die ihre Lieben nicht im Stich lässt und hilft, wo es nötig ist.

Gesundheit
Wenn der *Hund* beim *Baum* liegt, kann es sein, dass die Krankheit ziemlich lange dauern wird. Das braucht nicht schlimm zu sein; manchmal kann eine bestimmte Krankheit ganz nützlich sein.
Liegt diese Karte beim Arzt *(Baum + Wolken)*, dann haben Sie das Glück, einen freundlichen und zuverlässigen Arzt zu haben.
Liegt der *Hund* beim *Schlüssel*, kann er Ihnen raten, Unterstützung zu suchen, die Ihnen ein gutes Gefühl gibt. Dies kann bedeuten, dass Sie Menschen aufsuchen, die dasselbe Problem haben oder hatten oder Sie suchen Hilfe bei einer zuverlässigen Freundin/einem Freund.

19. Der Turm

Neutrale Karte
Treffwörter: ein großes, offizielles Gebäude, ein langes und glückliches Leben.

Traditionell
Der *Turm* verweist auf ein langes und glückliches Leben. Liegt aber die Karte von den *Wolken* dabei, warnt dies vor einer akuten Krankheit, die in manchen Fällen sogar zum Tode führen kann.

Allgemein
Der *Turm* ist eine neutrale Karte, die mehrere Bedeutungen hat. Das lange und glückliche Leben ist eine typisch traditionelle Deutung. Diese Karte verweist häufig auf eine offizielle Instanz oder ein großes Gebäude. Der *Turm* trägt auch den Charakter einer gewisssen Isolation in sich. Er kann darauf hinweisen, dass man eine Mauer um sich aufgebaut hat, man sich vor bestimmten Sachen verschließt. Wenn Sie einen *Turm* hinaufsteigen, stehen Sie in einsamer Höhe und sehen auf andere hinab. Einige Arroganz ist dieser Karte also nicht fremd. Sie beinhaltet aber auch einen gewissen Überblick.

Kombinationen
- Der *Turm* beim *Schiff* und eventuell auch den *Fischen*, verweist auf eine Instanz, die etwas mit Geld zu tun hat, wie z.B. die Steuerbehörde oder eine Bank.
- Die *Wolken* beim *Turm* symbolisieren kein kurzes und unglückliches Leben, sondern einen Beamten oder jemanden, der eine hohe und verantwortliche Position bekleidet.
- Liegt der *Brief* beim *Turm*, werden Sie ein offizielles Schreiben empfangen.
- Liegt der *Schlüssel* beim *Turm*, wird eine Scheidung prophezeit. Ob eine Ehe geschieden wird oder man sich von Ideen, der Arbeit oder einer Situation trennt, können Sie an den umliegenden Karten sehen.

- Der *Mond* beim *Turm* zeigt ambitioniertes Handeln und ein hohes Amt an.
- Liegt der *Garten* beim *Turm*, deutet dies auf etwas gesellschaftlich „Höheres" in sozialer, materieller oder geistiger Beziehung hin.
- Sehen Sie den *Weg* beim *Turm* liegen, dann stehen Sie mit Ihrem Leben an einem Wendepunkt. Sie haben die Wahl, Ihren alten Lebensweg fortzusetzen oder einen neuen zu bestimmen.

Ratschlag

Der *Turm* rät Ihnen, sich vorsichtig zu verhalten. Liegt auch noch der *Schlüssel* dabei, können Sie sich besser ganz zurückziehen. Ferner wird Ihnen geraten, die Sache von einer höheren Warte zu besehen, so dass Sie einen besseren Überblick gewinnen können.

Charakter

Die Person ist arrogant und verschlossen. Liegt auch der *Mond* dabei, ist sie sehr ehrgeizig und richtet ihr Hauptaugenmerk auf die Arbeit und das Tragen von Verantwortung.

Äußeres Erscheinungsbild

Dieser Mensch ist lang und drahtig. Der Rücken ist gerade. Er/Sie sieht dem Gegenüber direkt in die Augen. Ist er/sie nicht mit jemandem in ein Gespäch verwickelt, schauen die Augen nachdenklich in die Ferne. Die Haltung kann Arroganz ausstrahlen. Jemand mit Klasse.

Gesundheit

Der *Turm* beim *Baum* kann auf ein Krankenhaus hinweisen. Liegt er beim Arzt *(Baum + Wolken)*, wird ein Arzt in einem Krankenhaus oder einer offiziellen Instanz angezeigt.

20. Der Garten

Positive Karte
Treffwörter: positive, soziale Kontakte und Freundschaften, Ansammlung von Menschen

Traditionell
Wenn sich diese Karte bei Ihrer *Personenkarte* befindet, werden Sie sich bald in vornehmer Gesellschaft befinden. Sie werden wahre und dauerhafte Freundschaft finden. Liegt diese Karte aber in der Ferne, wird Ihnen geraten, sich vor Ihren falschen Freunden in Acht zu nehmen.

Allgemein
Der *Garten* symbolisiert – genau wie der *Hund* – die Freundschaft. Aber bei dieser Karte spielt es eine Rolle, dass Sie Ihren sozialen Umgang qualitativ und quantitativ ausweiten können. Traditionell deutet der *Garten* eine „vornehme" (= reiche) Gesellschaft an. Das müssen Sie aber in einem weiteren Kontext sehen. Sie können Ihren sozialen Umgang mit Menschen und Freunden erweitern, die Sie positiv beeinflussen können. Diese Personen können auch reich sein – in geistiger Hinsicht. Sie bieten Ihnen nicht nur Freundschaft, sondern auch Inspiration. Ferner zeigt diese Karte Menschenansammlungen an, wie z.B. bei Vereins- oder Klubtreffen, bei Konzerten oder Sportveranstaltungen.

Kombinationen
- Liegt das *Buch* beim *Garten,* kann es sich um einen Kurs oder eine Ausbildung handeln, wo Sie angenehmen Kontakt mit Ihren Mitschülern haben und Freunde finden. Es kann sich auch um eine geheime Vereinigung handeln.
- Zusammen mit dem *Weg* bedeutet der *Garten:* Sie stehen bezüglich Ihres sozialen Umgangs vor einer Wahl.
- Der *Garten* und die *Schlange:* ist Ihr sozialer Umgang vielleicht nicht das, was er zu sein scheint? Drogen und Alkohol können ebenfalls eine Rolle spielen.

- Sehen Sie die *Schlange* und den *Mond* beim *Garten* liegen, betrifft dies Arbeit in der Welt der Illusionen, also das showbusiness wie z.B. Film und Fernsehen.

Ratschlag

Es ist jetzt an der Zeit, Ihre sozialen Kontakte auszuweiten. Leben Sie vielleicht zu isoliert? In geschäftlicher Hinsicht kann Ihnen diese Karte raten, ein Netzwerk (Kontakte, die einem geschäftlich nutzen) aufzubauen/ein zu schalten, um Ihre Frage lösen zu können.

Charakter

Diese Karte charakterisiert einen Gesellschaftsmenschen, der ohne zwischenmenschliche Kontakte nicht leben kann. Dazu besitzt er/sie soziale Qualitäten: er/sie kann gut mit anderen umgehen, flott plaudern u.s.w.

Äußeres Erscheinungsbild

Diese Karte gibt keine Information über das Äussere.

Gesundheit

Der *Garten* zusammen mit dem *Baum* zeigt eine Epidemie an, wie z.B. die Grippe. Befindet diese Kombination sich beim *Schlüssel,* wird Ihnen geraten, sich z.B. einer Patientenvereinigung anzuschliessen.

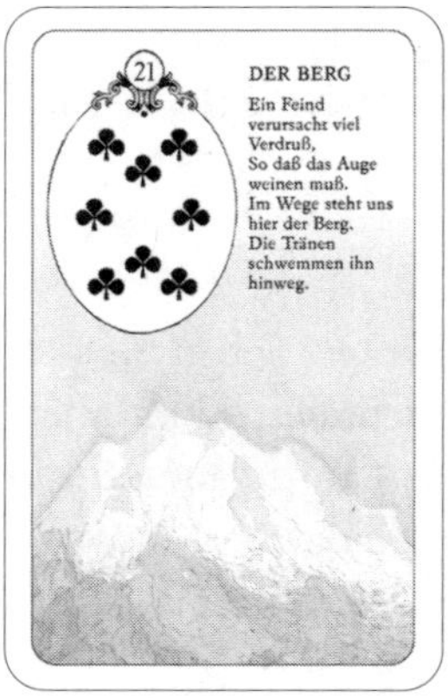

21. Der Berg

Negative Karte
Treffwörter: Feindschaft, Verdruss

Traditionell
Der *Berg* warnt vor einem furchterregenden Feind, wenn diese Karte sich bei Ihrer *Personenkarte* befindet. Auch wenn der *Berg* weiter entfernt liegt, müssen Sie den Feind fürchten, aber er ist nicht mehr so gefährlich und Sie genießen die Hilfe von Freunden.

Allgemein
Der *Berg* zeigt Feindschaft an, aber auch Verdruss, weil die Dinge nicht so laufen, wie man es sich wünscht. Auch Trauer wegen eines Verlustes kann gemeint sein. Der Grund der Trauer kann in der Vergangenheit liegen und die Trauer sich erst spät zeigen. Diese Karte kann auch anzeigen, dass Sie einer Sache mit Schrecken entgegensehen. Die direkt umliegenden Karten zeigen den Grund Ihrer Trauer an und/oder wer ihr Feind ist.

Kombinationen
- Der *Berg* und das *Schiff:* Die Ursache Ihres Verdrusses liegt in Ihren Finanzen. Es kann auch gemeint sein, dass Ihnen jemand finanziellen Schaden zufügen will.
- Der *Baum* beim *Berg* sagt, dass Ihre Gesundheit Ihnen Kummer bereitet. Es kann aber auch sein, dass Sie die Trauer ganz krank macht.
- Der *Berg* bei *Personenkarten* zeigt Ihnen, dass Sie wegen einer anderen Person traurig sind. Diese Person kann Ihnen feindlich gegenüberstehen.
- Der *Berg* beim *Ring* erzählt, dass Ihre Partnerschaft Ihnen Verdruss bereitet.
- Der *Berg* und der *Hund:* eine Freundschaft macht Ihnen Kummer. Ein Freund/eine Freundin hat Kummer.
- Der *Berg* und die *Wolken* weisen auf einen feindseligen Beamten oder Funktionär hin.

Ratschlag
Diese Karte zeigt, dass Sie (alten) Kummer zu verarbeiten haben. Akzeptieren Sie den Verlust. Sie werden vor feindlichen Kräften gewarnt.

Charakter
Diese Karte warnt vor einer negativen Grundeinstellung. Die betreffende Person ist schnell bereit, anzunehmen, dass ihr jeder feindselig gesonnen sei. Die feindlichen Gefühle sitzen jedoch eher in der Person selbst. Liegt die *Rute* dabei, handelt es sich um tatsächlich existierende feindliche Aggressivität. Die *Sense* dabeiliegend: Angst ist die Ursache für die feindlichen Gefühle.

Äußeres Erscheinungsbild
Diese Person geht sichtbar gebückt unter ihrem Kummer. Das Gesicht ist durch das Leiden gezeichnet. Der Blick ist nach unten gerichtet, und der Kopf ist gebogen.

Gesundheit
Der *Berg* beim *Baum:* eine Krankheit, die durch großen Kummer ausgelöst wird. Liegt der *Schlüssel* beim *Berg,* ist es rat- und heilsam, erst (alten) Kummer zu verarbeiten.

22. Der Weg

Neutrale Karte
Treffwörter: Eine Wahl, das Unterwegssein

Traditionell
Liegt diese Karte nahe den *Wolken*, ist der *Weg* ein Glücksbote. Befindet er sich aber nicht in der Nähe von den *Wolken* und Ihrer *Personenkarte*, dann können Sie immerhin drohenden Gefahren entkommen.

Allgemein
Die Weggabelung versinnbildlicht die Wahlmöglichkeit zwischen zwei Wegen. Die umliegenden Karten erzählen mehr über die Art der Wahl. Sie bekommen die Chance, etwas zu verändern, wenn Sie es wollen oder alles beim Alten zu belassen. Wenn es sich um eine mögliche Veränderung des Lebensweges handelt, ist es wegen der weitreichenden Konsequenzen ratsam, die Möglichkeiten gut zu überdenken. Haben Sie aber gründlich über alles nachgedacht, ist es an der Zeit, eine Entscheidung zu treffen und daran festzuhalten. Denn der *Weg* beinhaltet auch den Zweifel.
Zudem bedeutet der *Weg* auch das Unterwegssein. Stellen Sie sich vor, dass Sie jemanden erwarten und Sie fragen sich, wo ihr Besuch bleibt. Sie ziehen die Karte vom *Weg*. Das bedeutet, dass ihr Besuch schon oder noch unterwegs ist.

Kombinationen
- Liegt der *Storch* dabei, sind Sie ein Zweifler. Sie können sich zwischen einem Ja und einem Nein nicht entscheiden. Suchen Sie in einem solchen Fall die Karte vom *Brief* (Entschluss), um die richtige Wahl treffen zu können.
- Das *Buch* und der *Weg:* eine Schulwahl.
- Der *Weg* und der *Turm:* diese Kombination zeigt die Wahl Ihres Lebensweges an.
- Der *Weg* und der *Brief:* eine günstige Kombination. Erst kommt die Wahl und dann der Entschluss.
- Der *Weg* und die *Mäuse:* Voricht, Taschendiebe!

Ratschlag
Sie haben die Qual der Wahl. Fassen Sie keinen schnellen Entschluss. Denken Sie gründlich über die Möglichkeiten und Konsequenzen Ihres Handelns nach. Bleiben Sie nicht still Zuhause sitzen, gehen Sie aus.

Charakter
Der ewige Zweifler, der die größte Mühe hat, einen Enschluss zu fassen und zudem an ihm festzuhalten.

Äußeres Erscheinungsbild
Haarfarbe rötlich bis blond, Augenfarbe blau. Diese Person ist sehr präsent und ein bisschen lautstark.

Gesundheit
Auch in Gesundheitsfragen deutet der *Weg* auf eine Wahl hin. Achten Sie dann auf den *Brief* (Entschluss) und den *Schlüssel* (Lösung). Liegt der *Weg* beim Arzt *(Baum + Wolken)*, können Sie sich fragen, ob Sie bei Ihrem Arzt bleiben wollen. Oder der Arzt hat Zweifel, ist sich nicht sicher.
Liegt der *Weg* beim *Schlüssel*, ist es ratsam, in der frischen Luft zu wandern oder spazierenzugehen.

Personenkarte
Diese Karte ist zudem eine *Personenkarte* und hat mit dem sonstigen Karteninhalt nichts zu tun.
Der *Weg* zeigt eine energiegeladene Dame, die warm, begeisterungsfähig und selbständig ist. Sie kann sich sehr gut behaupten und benötigt eine anspruchsvolle Beschäftigung, die ihren ganzen Tatendrang fordert. Wahrscheinlich steht ihre Sonne im Zeichen *Widder*, *Löwe* oder *Schütze*.

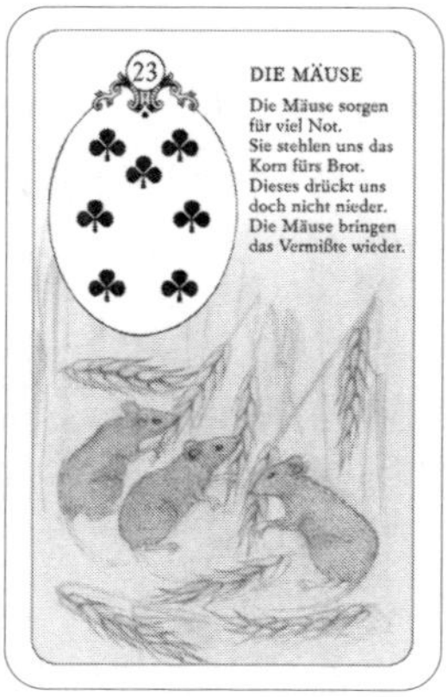

23. Die Mäuse

Negative Karte
Treffwörter: Diebstahl, Mangel, Verlust, ein Defizit

Traditionell
Diese Karte weist einen Diebstahl an. Liegen die *Mäuse* aber bei Ihrer *Personenkarte,* dann bekommen Sie das Verlorene zurück. Das ist jedoch nicht der Fall, wenn die *Mäuse* entfernt von Ihrer *Personenkarte* liegen.

Allgemein
Die *Mäuse* weisen uns auf einen Diebstahl oder einen Mangel hin. Sie zeigen uns, was in unserem Leben fehlt. Es kann zwar sein, dass etwas gestohlen wurde, aber es kann sich auch um andere Formen von Verlust und Defizit handeln. Es brauchen auch nicht unbedingt immer materielle Dinge zu sein, die wir vermissen, es kann sich genausogut um Gefühle, Gedanken, Personen, Lebensfreude, Energie u.s.w. handeln. Zudem können die *Mäuse* auch körperliche Mängel anzeigen. Liegen die *Mäuse* aber bei Ihrer *Personenkarte,* werden Sie das Vermisste alsbald zurückerhalten.

Kombinationen
- Liegen die *Mäuse* beim *Weg:* Achtung, Taschendiebe!
- Die *Mäuse* beim *Haus:* kann auf Diebstahl im Haus deuten, aber auch auf Mängel am Haus.
- Die *Mäuse* und das *Herz:* ein Mangel an Liebe (obwohl man denken könnte, dass jemand unser Herz gestohlen hat).
- Die *Mäuse* und die *Lilie:* Sie vermissen väterlichen Schutz und Unterstützung.
- Bei der *Rute* weisen die *Mäuse* auf zu geringe Energie und Selbstbehauptung hin.

Ratschlag
Die *Mäuse* zeigen einen Mangel auf, der behoben werden muss. Sie warnen vor Dieben.

Charakter
Die Karte kann anzeigen, dass jemand stiehlt. Vielleicht entwendet die Person Sachen, weil sie selbst das Gefühl hat zu kurz zu kommen.

Äußeres Erscheinungsbild
Etwas am Körper der Person fehlt. Es kann sich z.B. um eine unschuldige Kahlheit handeln, aber auch um das Fehlen bestimmter Körperteile oder Körperfunktionen (Blindheit und dergleichen). In diesem Zusammenhang kann die Karte auf ein Handicap hinweisen.

Gesundheit
Auch in Gesundheitsfragen weisen die *Mäuse* uns auf Mängel und Defizite hin. Es ist aber praktisch unmöglich, in den umliegenden Karten genau zu erkennen, um welche Mangelerscheinung es sich handelt. Es gibt einfach zuviele Möglichkeiten, wie z.B. Vitamin- und Mineralmangel, zuwenig Körpersäfte, zuwenig eines bestimmten Hormons oder Enzyms, die Pancreas produziert zuwenig Insulin u.s.w. Eine medizinische Untersuchung ist nötig, um herauszufinden, um welche Mangelerscheinung es sich handelt. Liegen die *Mäuse* beim *Schlüssel,* ist es rat- und heilsam, eine schlechte Gewohnheit aufzugeben, auch wenn es noch so schwer fällt. Manchmal ist eine Fastenkur angezeigt.

24. Das Herz

Positive Karte
Treffwörter: Liebe und Lebensglück

Traditionell
Diese Karte bringt Ihnen Lebensglück, Lebensfreude und Einträchtigkeit.

Allgemein
Obwohl diese Karte traditionell Lebensglück und Lebensfreude bringt, zeigt uns das *Herz* vor allem die Liebe. Die Liebe gibt unserem Leben eine andere Dimension; wir werden toleranter, zeigen mehr Verständnis, wir sind netter und fröhlicher. Aus der Liebe erwachsen die Lebensfreude und die Eintracht, die ohne die Liebe nicht gedeihen können.
Andere Folgen der Liebe sind Toleranz und Akzeptanz. Die Liebe öffnet unser Herz und dadurch werden wir für uns und unsere Umgebung umgänglicher, herzlicher, fröhlicher und freundlicher. Es ist sehr positiv, wenn das *Herz* bei Ihrer *Personenkarte* liegt.

Kombinationen
- Wenn der *Sarg* dabei liegt, wird die Liebe intensiver, womöglich sogar zwanghaft. Es kann sich um eine Art von Abhängigkeit handeln.
- Das *Kreuz* beim *Herz:* Gebremste oder nicht geäusserte Liebe. Die Liebe nimmt (zeitlich) ab.
- Liegen die *Wolken* beim *Herz,* ist die Liebe blockiert. Suchen Sie den Schlüssel, wie dieses Hindernis überwunden werden kann.
- Das *Herz* und die *Rute* beieinander weisen auf Sexualität hin.
- Der *Ring* beim *Herz* zeigt ein liebevolles Verhältnis an.
- Der *Anker* beim *Herz* weist auf eine treue und beständige, große Liebe hin.

- Die Kombination *Sterne Schlüssel* und *Herz* bringen eine besondere Gipfelerfahrung/einen Höhepunkt, den Sie nie mehr vergessen werden. Die *Sterne* bescheren uns das Neue und das Glück, der *Schlüssel* öffnet unser Herz. Wie es Ihnen im Moment auch geht, diese Kombination verspricht ihnen eine tröstliche, bereichernde und spirituelle Erfahrung.
- Die *Sonne* und der *Mond* beide beim *Herz,* zeigen eine spirituelle Liebe, die keine Gegenleistung verlangt und niemanden ausschliesst.
- Zusammen mit der *Schlange* weist das *Herz* auf eine irreale Liebe hin. Eigentlich gilt die Liebe in diesem Fall eher dem Bild, das man sich von einer Person gemacht hat als der Person selbst.

Ratschlag

Es kann nichts schaden, die Sache einmal vom Standpunkt des Anderen zu betrachten. Seien Sie tolerant, nachgiebig und verträglich.

Charakter

Liebenswürdig, herzlich und tolerant anderen gegenüber, vielleicht manchmal aus dem Wunsch heraus nett gefunden zu werden. Diese Person achtet und genießt die schönen und guten Dinge des Lebens.

Äußeres Erscheinungsbild

Schön, elegant und charmant. Die Person strahlt Herzlichkeit aus. Ihre Figur ist schlank bis mollig, aber gut proportioniert. Die Kleidung ist geschmackvoll.

Gesundheid

Das *Herz* ist ein gutes Zeichen und weist im allgemeinen nicht auf Krankheiten hin.

Personenkarte

In der Bedeutung als *Personenkarte,* wobei die sonstige Kartenbedeutung wegfällt, wird hier ein Kind, eine noch nicht erwachsene Person dargestellt. Dieses sensible Kind braucht emotionale Resonanz aus seiner Umgebung. Es kann sich um ein Kind mit der Sonne im Zeichen *Krebs, Skorpion* oder *Fische* handeln.

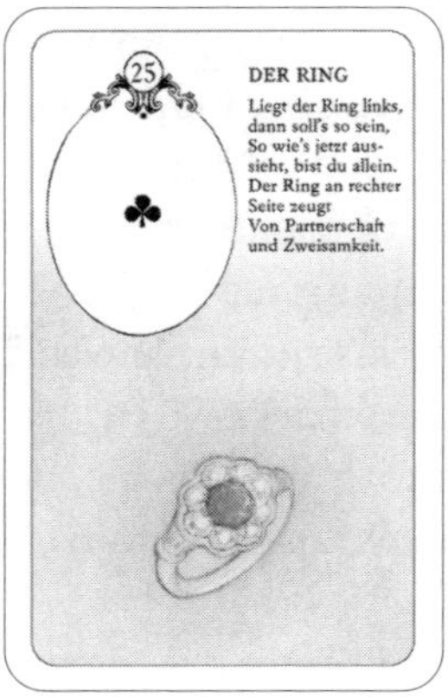

25. Der Ring

Neutrale Karte
Treffwörter: Ein Verhältnis, die Ehe, Partnerschaft, Kooperation

Traditionell
Liegt der *Ring* rechts von Ihrer *Personenkarte*, können Sie eine glückliche und reiche Ehe oder Partnerschaft erwarten. Liegt der *Ring* links, droht ein Bruch der Verlobung oder eine Scheidung.

Allgemein
Der *Ring* erzählt uns von Partnerschaften. Traditionell ist es die Ehekarte. Bei einem Liebesverhältnis befindet der *Ring* sich rechts von der *Personenkarte* des Fragestellers. Sehen Sie die Karte aber links liegen, gibt es keine Beziehung oder aber es gibt einen Bruch.
Öfter als wir denken, existiert eine Ehe nur noch auf dem Papier. Das Paar wohnt zwar zusammen, geht vielleicht auch zusammen aus, teilt aber sonst nichts (mehr) miteinander. Jeder lebt in seiner eigenen Welt. Auch in dem Fall könnte der *Ring* zur Linken der *Personenkarte* liegen. Oder der *Ring* liegt rechts, wird aber durch negative Karten umgeben oder durch Karten, die einen andern Charakter des Verhältnisses ausdrücken, z.B. einen geschäflichen. Man kann durch Geld, Arbeit, ein gemeinsames Geschäft gebunden sein. Die umliegenden Karten geben weitere Auskunft über die Art des Verhältnisses.
Der *Ring* braucht nicht unbedingt auf ein Privatverhältnis hinzuweisen, es kann sich auch um eine geschäftliche Partnerschaft handeln. Die Arbeit wird durch den *Mond* angedeutet.
Bei anderen Fragen kann der *Ring* eine Kooperation, Fusion, Integration oder Assimilation symbolisieren. Z.B. gelingt es Ihnen zwei gegensätzliche Eigenschaften oder Bedürfnisse zu vereinigen, oder Sie erkennen, akzeptieren und integrieren ein bestimmtes Bedürfnis oder eine Eigenschaft, so dass jedes seinen Platz bekommt. Es können auch zwei Wohnungen zu einer zusammengefügt werden, zwei Betriebe können fusionieren und so weiter.

Kombinationen
- Der *Ring* mit der *Sense* weist auf einen zeitlich begrenzten Bruch in der Partnerschaft hin.
- Liegt der *Turm* mit dem *Schlüssel* zusammen, geht es um eine Scheidung.
- Der *Ring* mit dem *Sarg:* Eine Ehekrise mit einer Transformation.
- Der *Ring* mit dem *Anker:* Ein liebesvolles und zuverlässiges Verhältnis.
- Das *Kind* beim *Ring:* Ein integeres, offenherziges Verhältnis. Die Partner gehen offen und spontan miteinander um.
- Der *Ring* beim *Baum:* Mit der Partnerschaft stimmt etwas nicht.
- Der *Ring* bei den *Mäusen:* Es fehlt etwas beim Verhältnis.
- Der *Ring* und das *Herz:* Die Liebe spielt eine große Rolle in dieser Partnerschaft.

Ratschlag
Seien Sie kooperativ. Das Wohl und die Meinung des Anderen spielen eine Rolle und sind wichtig. Es ist jetzt nicht vernünftig, im Alleingang vorzugehen. Dieser Rat kann natürlich sowohl für ein Privat- als auch ein Geschäftsverhältnis, als auch für eine Fusion und dergleichen gelten.

Charakter
Zu dieser Person passt ausgezeichnet die Rolle des Assistenten; denn er/sie achtet gut auf die Bedürfnisse und Nöte des Anderen. Ein Leben als Single wird als schwer und das Alleinsein als unangenehm empfunden. Weil man eine harmonische Umgebung möchte, geht man Streit aus dem Weg.

Äußeres Erscheinungsbild
Diese Person kleidet sich harmonisch und traditionell, mit einer Vorliebe für Sandfarben. Luxus wird hochgeschätzt.

Gesundheit
Diese Karte zeigt keine Krankheiten an. Sie kann aber auf eine Unausgewogenheit hinweisen.

26. Das Buch

Traditionell eine negative Karte
Treffwörter: Ein Geheimnis, ein Lernprozess

Traditionell
Nach alter Tradition symbolisiert das *Buch* Geheimhaltung. Die Position der Karte bestimmt, ob das Geheimnis leicht oder schwer zu wahren ist. Ziehen Sie die umliegenden Karten zurate, um dahinter zu kommen, was man vor Ihnen verbergen möchte.

Allgemein
Das *Buch* ist die Karte vom Geheimnis, dem Unbekannten. Es fehlen uns Informationen, es wird etwas verschwiegen. Die umliegenden Karten können einige Auskunft über die Art des Geheimnisses geben. Neben der Bedeutung des Verschwiegenen, Geheimnisvollen zeigt diese Karte an, dass etwas gelernt wird. In diesem Kontext kann sie eine Ausbildung oder Schule bedeuten.
Nun mangelt es uns auf vielerlei Gebieten an Kenntnissen, aber man kann eben nicht alles auf einmal lernen. Das *Buch* sagt uns, was nun an der Reihe ist.

Kombinationen
- Die *Sonne* beim *Buch* bringt Licht in eine „dunkle" Sache. Es wird etwas Undeutliches, Verschwiegenes klar und deutlich.
- In Kombination mit den *Fischen* kann das *Buch* auf Vermehrung von Kenntnis hinweisen.
- Der *Garten* beim *Buch:* ein angenehmer und freundschaflicher Umgang mit Mitschülern. Manchmal bedeutet diese Kombination auch eine geheime Brüderschaft, einen Geheimbund.
- Das *Buch* und das *Herz* zeigen uns eine geheimgehaltene oder heimliche Liebe an.

Ratschlag
Erweitern Sie Ihre Kenntnisse. Lesen Sie bestimmte Bücher oder arbeiten Sie für ein Studium, Kursus.

Charakter
Die Person ist ziemlich verschlossen und neigt dazu, etwas vor anderen zu verbergen. Das kann vielerlei Gründe haben. Diese Karte weist zudem auf Lerneifer hin.

Äußeres Erscheinungsbild
Eine mysteriöse Person, die umgeben ist von einer geheimnisvollen Aura, wie z.B. die frühere Filmgöttin Greta Garbo.

Gesundheit
Etwas bleibt unbekannt oder unerkannt. Verschweigt der Arzt *(Baum + Wolken)* uns etwas? Hat er/sie zuwenig Fachwissen? Wollen wir wirklich wissen, was los ist? Dieses *Buch* rät uns, Fragen auf den Grund zu gehen, die geklärt werden müssen.

27. Der Brief

Neutrale Karte
Treffwörter: Ein schriftlicher Bericht, ein Entschluss

Traditionell
Liegt der *Brief* weit entfernt von den *Wolken,* bringt er uns gute Nachrichten und Glück. Liegt die eigene *Personenkarte* aber in der Nähe der *Wolken,* ist er ein Omen für ein Missgeschick.

Allgemein
Der *Brief* kündigt den Empfang eines wahrscheinlich wichtigen Briefes an. Ausser guten Nachrichten und Briefen, deutet diese Karte auch auf offizielle Dokumente hin, ganz gewiss, wenn auch noch der *Turm* in der Nähe ist. Die umliegenden Karten bestimmen die Art des Dokumentes oder des Schreibens.
Zudem lässt uns der *Brief* zu einem Entschluss kommen. Wenn Sie beim *Weg* noch zweifeln, beim *Brief* wird der (gordische) Knoten durchschlagen.

Kombinationen
- Liegt der *Turm* in der Nähe: Es handelt sich um ein offizielles Schreiben.
- Das *Herz* in der Nähe: Es verspricht uns einen Liebesbrief.
- Bei einem Kontrakt wird sich der *Ring* in der Nähe befinden.
- Der *Ring,* das *Haus* und der *Brief:* Ein Mietvertrag.
- Die Kombination von *Brief* und *Sarg:* Es könnte sich um einen Bericht vom Sterben handeln.
- *Brief* und *Hund:* Ein Bericht von einem Freund/einer Freundin.
- Der *Brief* und das *Schiff:* Ein Schreiben aus dem Ausland. Es kann sich aber auch um eine finanzielle Nachricht handeln.
- *Rute* und *Brief:* Neigung, sich übereilt zu entschliessen. Liegt auch noch der *Sarg* in der Nähe, kann das Motiv für unseren Entschluss reine Rache sein.
- Liegt der *Schlüssel* beim *Brief,* handelt es sich um einen richtigen Entschluss. Es kann aber auch um einen Brief gehen, der die Lösung eines Problems bringt.

Ratschlag
Zweifeln Sie nicht länger. Jetzt ist es Zeit, einen Entschluss zu fassen und daran festzuhalten. Schlagen Sie den (gordischen) Knoten durch.

Charakter
Die Person ist entscheidungsfroh.

Äußeres Erscheinungsbild
Das starke Kinn zeigt Willenskraft, und die Person strahlt Überlegenheit aus.

Gesundheit
Der *Brief* weist auf einen gefassten Entschluss hin. Es kann sich bei Gesundheitsfragen also um eine Diagnose und den darauf folgenden Entschluss zu einer bestimmten Therapie handeln. Die umliegenden Karten geben Auskunft über die Art des Entschlusses. Liegt der *Brief* aber weit weg vom *Schlüssel* (die Lösung oder Therapie), ist es ratsam, alles noch einmal gut zu überdenken.

28. Der Herr

Neutrale Karte
Treffwörter: Personenkarte für einen Mann, *Partnerkarte* für eine Frau.

Traditionell
Dies ist die *Personenkarte* für einen männlichen Fragesteller. Sind Sie ein Mann und legen Sie die Karten für sich selbst, dann entspricht diese Karte Ihrer *eigenen* Person. In dem Fall ist der *Herr,* zusammen mit den direkt umliegenden Karten, die *wichtigste Karte im Spiel.*

Allgemein
Liegt diese Karte bei der Legung ganz unten, haben Sie (jetzt) den Überblick über Ihr Leben verloren. Vielleicht ist Ihnen alles über den Kopf gewachsen. Das Gegenteil ist aber der Fall, wenn Ihre *Personenkarte* oben liegt. Sehen Sie den *Herrn* am Rande der Legung, vielleicht sogar mit dem Gesicht von der Legung abgewendet (nach draußen), dann haben Sie ein starkes Bedürfnis nach einer Auszeit, Sie möchten für ein Weilchen in Ruhe gelassen werden.
Sind Sie eine Frau, dann versinnbildlicht der *Herr* Ihren Partner oder Gatten. Haben Sie zur Zeit aber keinen Partner, kann es sich um Ihren Zukünftigen handeln. Manchmal ist auch der Expartner gemeint, falls er noch eine Rolle in Ihrem Leben spielt. Achten Sie auf die Entfernung des *Herrn* zu Ihrer Karte (die *Dame*). Ist der Abstand groß oder klein? Liegt er unter, neben oder über ihnen? Sie können dieses wörtlich auffassen. Möchten Sie keinen Partner haben, dann deutet der *Herr* auf einen guten Freund in Ihrem Leben hin.
Möchten Sie wissen, ob Sie jemals heiraten werden, dann achten Sie auf die Position folgender Karten: der *Ring,* der *Herr,* beziehungsweise die *Dame,* das *Herz* und der *Anker.* Liegen diese Karten in Richtung Ihrer *Personenkarte,* lautet die Antwort „ja“. Handelt es sich um ein homosexuelles Verhältnis, stören Sie sich in dem Falle nicht an den Bezeichnungen „Herr“ oder „Dame“, geben Sie den Karten das zu Ihnen passende Geschlecht.

Kombinationen und Charakter

- *Haus* und *Herr:* Es wird ihnen eine bessere Zukunft versprochen. Der Charakter des Herrn: Er ist gereift, romantisch und hilfsbereit.
- Zusammen mit *Rute* und dem *Herzen:* Sexualität. Beim Mann weist diese Kombination auf Virilität hin.
- Sehen Sie die *Blumen* beim *Herrn,* kommt Frieden und Ruhe in Ihr Leben.Vielleicht empfangen Sie sogar ein Geschenk. Der Charakter des Herrn ist einigermassen passiv und bequem. Die positive Seite dieser Wesensart sind Friedfertigkeit, Zufriedenheit und innere Ruhe.
- Liegt die Kombination der *Turm* und der *Mond* beim *Herrn,* weist dieses auf eine steigende Tendenz in der Karriere hin. Der Mann ist sehr ehrgeizig.

Ratschlag

Ist der *Herr* Ihre *Personenkarte,* dann behalten Sie in Bezug auf Ihre Frage alle Fäden selbst in der Hand. Ist der *Herr* aber Ihre *Partnerkarte,* ist es ratsam, diesen Partner bei der Frage einzubeziehen.

29. Die Dame

Neutrale Karte
Treffwörter: Für eine Frau die *Personenkarte,* für einen Mann die *Partnerkarte*

Traditionell
Wenn es sich um eine Fragestellerin handelt, ist dies Ihre *Personenkarte.* Die *Dame* ist dann, zusammen mit den direkt umliegenden Karten, die *wichtigste Karte im Spiel.*

Allgemein
Achten Sie in erster Linie auf die Position der *Dame* in der Legung. Befindet diese Karte sich unten im Spiel, haben Sie (zeitweise) den Überblick über Ihr Leben verloren. Sie sind belastet. Das Gegenteil ist der Fall, wenn diese Karte oben im Spiel liegt. Befindet die *Dame* sich am Rand, schaut vielleicht sogar vom Spiel weg, möchten Sie für eine Weile Ihre Ruhe haben. Sie isolieren sich.
Für einen männlichen Fragesteller ist dies die *Partnerkarte.* Hat der Fragesteller zur Zeit keine Partnerin, könnte die Zukünftige hiermit versinnbildlicht werden. Spielt die Exfrau aber noch eine Rolle, kann die *Dame* die vorige Partnerin sein. Diese Karte kann auch auf eine wichtige Freundin im Leben des Fragesellers hinweisen.
Ist der Fragesteller homosexuell, kann diese Karte auch auf einen männlichen Partner hindeuten.
Die umliegenden Karten zeigen die aktuelle Situation. Vergessen Sie aber nicht, dass auch die weiter entfernt liegenden Karten wichtige Information geben können.

Kombinationen und Charakter
- Liegt die *Dame* oben, vielleicht sogar umgeben vom *Mond,* dem *Turm* und dem *Schiff,* erwartet Sie ein gut bezahlter Job. In Bezug auf die Charaktereigenschaften der Person deutet dies auf ein ehrgeiziges Streben hin, das sich finanziell auszahlt.

- Befindet sich der *Ring* rechts von der *Dame*, was auf ein Verhältnis deutet, und liegt zudem die Karte des Partners (der *Herr*) ziemlich weit entfernt, kann das bedeuten, dass Sie dem Partner zuwenig Aufmerksamkeit schenken.
- Liegt die Karte des *Herrn* über Ihrer *Personenkarte* vielleicht sogar zusammen mit der *Rute* oder dem *Sarg*, lassen Sie sich durch ihn zu sehr beherrschen.
- In Kombination mit dem *Garten:* die *Dame* wird eine schöne Zeit mit Ihren Freunden und in ihrem sozialen Umfeld erleben. Charakterlich deutet dies auf soziale Fähigkeiten hin.
- Sehen Sie das *Kind*, den *Mond* und den *Storch* bei Ihrer *Personenkarte* liegen, wird es Zeit für einen Schwangerschaftstest.
- Zusammen mit dem *Brief:* Sie werden wahrscheinlich ein wichtiges Schreiben empfangen. Sie sind sehr entschlussfähig.

Ratschlag

Ist die *Dame* Ihre *Personenkarte*, behalten Sie in Bezug auf Ihre Frage alle Fäden selbst in der Hand. Ist die *Dame* Ihre *Partnerkarte*, ist es ratsam, Sie bei Ihrer Frage miteinzubeziehen.

30. Die Lilie

Positive Karte
Treffwörter: Lebensglück, Tugendhaftigkeit, väterlicher Schutz, Förderung

Traditionell
Die *Lilie* bringt Lebensglück und die Abwesenheit von häuslichem Kummer, wenn sie nicht in der Nähe der *Wolken* blüht. Liegt die *Lilie* über Ihrer *Personenkarte,* sind Sie eine tugendhafte Person. Befindet sie sich aber unter Ihrer *Personenkarte,* führen Sie ein zweifelhaftes und unaufrichtiges Leben.

Allgemein
Wir werden durch eine angesehene Person, die uns väterlichen Schutz bietet, in einen glücklichen Zustand versetzt. Wir kommen durch sie ein ganzes Stück voran. Darum weist die *Lilie* auch auf Förderung hin. Der Aufstieg braucht sich nicht nur auf dem Arbeitsplatz abzuspielen. Er kann auf jedem Lebensgebiet stattfinden.
Die Kartenposition im Spiel ist hier sehr wichtig. Befindet sich die *Lilie* unter Ihrer *Personenkarte* oder der *Partnerkarte,* führen Sie ihr Leben, beziehungsweise der Partner das seine, nicht aufrichtig.
Als Resultat ist die *Lilie* eine hervorragende Karte. Ihr Lebensglück wird vergrössert werden.

Kombinationen
- Die *Lilie* unter dem *Turm:* Eine zuständige Behörde reagiert nicht so, wie sie sollte.
- Unter dem *Ring:* Etwas stimmt nicht mit einer Beziehung, privat oder geschäftlich.
- Unter einer *Personenkarte:* Die bezeichnete Person führt ein unehrliches Leben.
- Neben der *Sonne* und dem *Mond:* Es handelt sich um einen spirituellen Mann. Befindet sich auch der *Turm* in der Nähe, kann es sich auf ein Kloster (auf spiritueller Ebene) beziehen.

- Die *Lilie* neben oder über dem *Turm:* Dies deutet auf eine Amtsperson hin.
- Neben oder über einem Beamten *(Wolken + Turm):* Dieser/Diese wird Sie beraten und unterstützen. Sie können ihm/ihr vertrauen.

Ratschlag

Denken Sie positiver. Suchen Sie Unterstützung bei einer erfahrenen Person.

Charakter

Die Karte weist auf Reife, Zuverlässigkeit und Hilfsbereitschaft hin. Die – etwas ältere – Person möchte mit Respekt behandelt werden.

Äußeres Erscheinungsbild

Die Karte symbolisiert das Alter. Die Person ist qua Lebensjahren alt/schon älter oder zeigt Zeichen des Älterwerdens, wie z.B. weisse Haare, Runzeln, einen krummer Rücken oder bedächtige/besonnene Bewegungen.

Gesundheit

Die *Lilie* deutet auf Altersbeschwerden hin. Liegt diese Karte beim Arzt *(Baum + Wolken)*, handelt es sich um einen Heilpraktiker ohne Medikation, wie z.B. einen Magnetiseur, einen Reiki-Meister, einen Gebetsheiler und so weiter.

Personenkarte

Diese Karte ist zudem eine *Personenkarte* und steht nicht im Zusammenhang mit der sonstigen Kartenbedeutung. Es handelt sich um einen mental eingestellten Mann. Er benötigt dringend zwischenmenschliche Kontakte und Kommunikation. Darin liegt seine Stärke. Wahrscheinlich hat er die Sonne im Zeichen *Zwillinge, Waage* oder *Wassermann.*

31. Die Sonne

Positive Karte
Treffwörter: Glück, Optimismus, Mut und Selbstvertrauen

Traditionell
Traditionell bedeutet die Sonne Glück. Befindet diese Karte sich aber weit weg von Ihrer *Personenkarte,* werden Sie mutlos werden und müssen mit einem Missgeschick rechnen.

Allgemein
Die *Sonne* ist eine ausgesprochene positive Karte. Sie schenkt Licht und Wärme, ohne die nichts wachsen und gedeihen kann. So bringt diese *Sonne* dann auch Mut, Selbstvertrauen, Energie und Optimismus.
Die *Sonne* wirft ihr Licht auf Dinge, um Klarheit zu schaffen. Die Karte kann auch bedeuten, dass man im Rampenlicht steht, wenn die Arbeit (der *Mond*) und das Publikum (der *Garten*) in der Nähe liegen.
Ist die *Sonne* aber das Resultat einer Frage, können Sie sich darüber freuen.

Kombinationen
- Beim *Reiter* oder dem *Brief:* Sie können einen mündlichen oder schriftlichen Bericht erwarten, der Aufklärung bietet und Hoffnung und Freude bringt. Der Bericht wird positiv sein.
- Die *Sonne* beim *Buch:* Es kommt etwas Geheimgehaltenes oder Verborgenes ans Licht. Oder Sie lernen etwas Wichtiges. Möglicherweise kaufen Sie ein Buch, das einen positiven Einfluss auf Ihr Leben haben wird. Es wird Ihre Kenntnisse erweitern und Sie bekommen wichtige Einsichten.
- Der *Sarg* bei der *Sonne* weist auf eine Sonnenfinsternis hin: Im Moment haben Sie keinen Erfolg auf dem Gebiet, das durch die umringenden Karten angezeigt wird. Ich habe auch erfahren, dass diese Kombination weisse Magie bedeutet.

- Die *Sonne* zusammen mit der *Rute:* Die Kombination zeigt ein starkes Ego, eine sehr energische (= viel Energie habende) und tatkräftige Person, die an sich selbst glaubt. Darum gelingt ihm/ihr auch beinahe alles – wenn es sein muss auch auf Kosten anderer.
- Die *Sonne* in Kombination mit dem *Mond:* Spiritualität und die unsichtbare Welt.

Ratschlag

Diese Karte weist auf die Wichtigkeit von Sonne, Wärme und Licht in Ihrem Leben hin. Auch eine Lichttherapie kann damit gemeint sein. Die Sonne rät, vor allem positiv zu denken und optimistisch zu sein.

Charakter

Diese Person ist „sonnig", optimistisch, voller Energie und zuverlässig. Er/Sie braucht aber viel Aufmerksamkeit und Anerkennung.

Äußeres Erscheinungsbild

Blonde Haare und blaue Augen, vielleicht breite Schultern, breiter Oberkörper und schmale Hüften. Diese Person fällt durch ihre Ausstrahlung auf.

Gesundheid

Dies Karte zeigt eine gute Gesundheit an.

32. Der Mond

Positive Karte
Treffwörter: die Arbeit, die Laufbahn, gesellschaftlicher Erfolg, Gefühle

Traditionell
Ursprünglich deutet diese Karte auf das Erlangen höchster Ämter hin, wenn Sie bei Ihrer *Personenkarte* liegt. Scheint der *Mond* aber aus der Ferne, erwarten Sie traurige Umstände.

Allgemein
Der *Mond* symbolisiert die Karriere und gesellschaftlichen Erfolg. Liegt diese Karte entfernt von Ihrer *Personenkarte,* spielt die Arbeit (im Moment) nur eine untergeordnete Rolle in Ihrem Leben. Wird der *Mond* von positiven Karten umgeben, geht es mit der Arbeit voran. Die umliegenden Karten geben Auskunft über die Art und/oder den Verlauf der Karriere.
Der *Mond* als Resultatenkarte gibt nur eine vage Antwort auf die gestellte Frage. Als ein Symbol für das Unbewusste gibt der *Mond* uns auch Auskunft über unsere Gefühle.

Kombinationen
- Der *Mond* mit dem *Turm:* Verweist auf großen Ehrgeiz. Im Zusammenhang mit positiven Karten wird Ihnen Erfolg bei der Arbeit versprochen.
- *Mond* und *Anker:* Eine große Liebe und ein ausgeprägtes Talent für den von Ihnen ausgeübten Beruf. Sehen Sie ebenfalls das *Schiff,* dann bringt Ihre ausgezeichnete Arbeit auch finanziell etwas ein. Liegen auch die *Fische* dabei, können Sie sogar sehr viel Geld mit Ihrer geliebten Arbeit verdienen.
- *Mond* und *Sarg:* Diese Kombination kann auf schwarze Magie hinweisen. Sie kann aber auch einen Prozess meinen, der mit Abbruch und Wiederaufbau oder gar mit gänzlicher Auslöschung zu tun hat. Der *Sarg* kann auch das Ende der Arbeit bedeuten.

- Der *Mond* in Kombination mit der *Schlange* warnt vor einem Rückfall in eine alte, schlechte Gewohnheit. Im Beruf kann Chemie, Vergiftung und Betrügerei gemeint sein.
- Der *Mond*, das *Kind* und der *Storch* symbolisieren eine Schwangerschaft.
- In Kombination mit dem *Garten* hat der Beruf etwas mit Menschen zu tun, vielleicht arbeitet die Person im sozialen Bereich.
- Der *Garten* und das *Herz* beim *Mond* weisen auf eine soziale Arbeit aus Menschenliebe hin.
- *Mond* und *Sonne:* Spiritualität und die unsichtbare Welt. Es kann auch eine spirituelle Arbeit verrichtet werden.
- Die *Vögel* beim *Mond* und der *Sonne:* Die Arbeit kann etwas mit ESP zu tun haben, wie z.B. hellsehen und vorhersagen.
- In Kombination mit dem *Weg* kann es sich um eine Arbeit handeln, bei der man viel unterwegs ist. Es wird zudem hingewiesen auf die Möglichkeit einer Wahl bezüglich der Arbeit.

Ratschlag
Bekommen Sie den *Mond* als Antwort, ist diese nicht eindeutig. Das ist aber einigermaßen abhängig von der Frage. Es kann bedeuten, dass Sie sich für Ihre Gefühle öffnen müssen; aber es ist auch möglich, dass Ihnen das Arbeiten angeraten wird.

Charakter
Diese emotionale Person unterliegt wechselnden Stimmungen. Er/Sie bemuttert und versorgt gerne.

Äußeres Erscheinungsbild
Ein bisschen mollig oder beleibt. Man hat ein freundliches, rundes Gesicht.

Gesundheit
In Gesundheitsfragen können Sie den *Mond* auf mehrere Weise interpretieren. Die Karte zeigt Gefühle, den Magen, die Gebärmutter und den Wasserhaushalt an. Der *Baum* beim *Mond* kann auch auf Arbeit deuten, die krank macht, etwas, das leider nur allzu oft vorkommt.

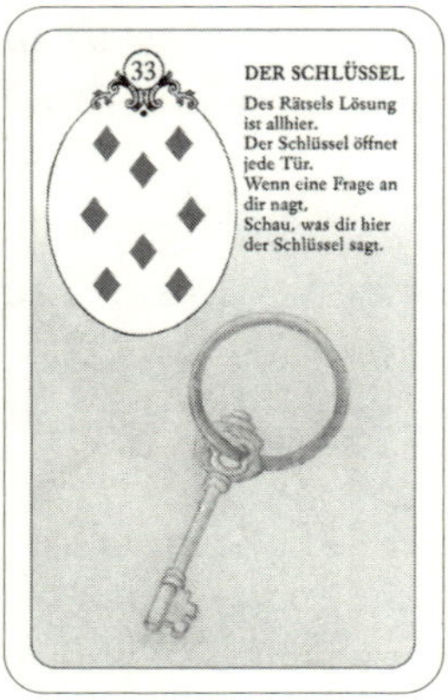

33. Der Schlüssel

Positive Karte
Treffwörter: Die Lösung, Wohlgelingen

Traditionell
Liegt der *Schlüssel* bei Ihrer *Personenkarte,* wird Ihnen alles, was Sie unternehmen, gelingen. Für Frauen: Alle Ihre Wünsche werden in Erfüllung gehen. Befindet sich der *Schlüssel* in einiger Entfernung, bringt er uns Ungeduld, Neid und Unglück.

Allgemein
Der *Schlüssel* öffnet Türen. Es kann sich um materielle, aber auch um die „Türen" unseres Innenlebens handeln. In diesem Zusammenhang bringt der *Schlüssel* die Lösung. Wenn Sie gerne wissen möchten, wie ein bestimmtes Problem am besten gelöst werden kann, suchen Sie den *Schlüssel* und sehen Sie sich auch die ihn umgebenden Karten gut an.
Liegt der *Schlüssel* bei Ihrer *Personenkarte,* haben Sie die Lösung und das Wohlgelingen in Ihrer eigenen Hand. Vielleicht gibt der *Schlüssel* Ihnen Inspiration, eine plötzliche Einsicht oder dergleichen. Bekommen Sie diese Karte als Resultat, dann wird sich eine Lösung finden, und die Unternehmung wird gelingen.

Kombinationen
- Der *Schlüssel* bei der *Schlange* kann bedeuten, dass Sie Ihren Träumen mehr Aufmerksamkeit schenken sollten.
- Der *Schlüssel* bei einer anderen *Personenkarte:* Die Lösung oder das Wohlgelingen liegt bei dieser Person.
- Der *Schlüssel* in Kombination mit *Mond* und *Sonne:* Es wird Ihnen geraten, die Lösung in Stille und Meditation zu suchen. Zudem können Sie Vertrauen in die unsichtbare Welt setzen, auch von dieser Seite bekommen wir viel Hilfe.
- Befindet sich der *Schlüssel* beim *Turm,* steht eine Scheidung bevor. Während die *Sense* einen zeitlich begrenzten Bruch anzeigt, geht es bei dieser Kombination um eine tatsächliche Scheidung.

- Der *Schlüssel* zusammen mit dem *Herz* und den *Sternen:* Eine Erfahrung kündigt sich an, die man als einen spirituellen Höhepunkt bezeichnen kann.

Ratschlag

Der *Schlüssel* zeigt uns, dass die gefragte Sache lösbar ist. Es können materielle oder immaterielle „Türen" geöffnet werden.

Charakter

Diese Person „weiss" für alles und jedes eine Lösung. Sie findet es unnötig, Fragen zu stellen oder anderen zuzuhören, weil sie sehr von Ihrerer eigenen Meinung überzeugt ist. Auf der anderen Seite hat sie selbst keine Schwierigkeiten mit Problemen, weil sie davon überzeugt ist, dass diese sich in Luft auflösen werden.

Äußeres Erscheinungsbild

Es existiert eine Veranlagung zur Beleibtheit. Die Ausstrahlung ist selbstbewusst. Die Person doziert gern.

Gesundheit

In Gesundheitsfragen sehen wir im allgemeinen nach, ob die *Wolken* beim *Baum* liegen (der Arzt), dann nach dem *Brief* (die Diagnose) und schliesslich nach dem *Schlüssel* (die Lösung). Liegt der *Schlüssel* beim Arzt, kann er/sie das Problem lösen. Liegen der *Brief* und der *Schlüssel* weit auseinander, könnten die Diagnose und die gewählte Therapie nicht wirklich zur Heilung beitragen. Es kann sich dann zum Beispiel um eine Behandlung lediglich der Symptome handeln. Die Karten, die den *Schlüssel* umringen, dienen als Anweisung, was zur Heilung beiträgt.

34. Die Fische

Positive Karte
Treffwörter: Reichtum, Wohlgelingen, Expansion

Traditionell
Diese Karte prophezeit Ihnen, dass wichtige Unternehmungen erfolgreich verlaufen werden. Auch können Sie zu Reichtum gelangen, wenn sich die *Fische* bei Ihrer *Personenkarte* befinden. Liegt sie aber weit entfernt, dann werden Ihre Pläne nicht in Erfüllung gehen.

Allgemein
Die *Fische* zeigen Reichtum und Expansion an. Welche Karte sich auch bei den *Fischen* befindet, Sie können mit Vermehrung, Ausbreitung und Expansion rechnen – je nachdem, was die umliegenden Karten anzeigen. Ich habe einmal erlebt, dass jemand mehrere Verhältnisse zugleich unterhielt: dies wurde durch die *Fische* angedeutet. Ich hatte für alle beteiligten Damen viel zu wenige *Personenkarten* im Spiel! Die gemeinte Vermehrung kann sich aber auf jedem anderen Gebiet vollziehen.
Bekommen Sie diese Karte als Resultat, können Sie ruhig abwarten. Ihre Unternehmung wird erfolgreich sein.

Kombinationen
- Die *Fische* und der *Mond:* Die Arbeit wird gut bezahlt, wird sich vermehren oder hat etwas mit dem Meer zu tun. In jedem Fall werden Sie damit Erfolg haben.
- Die *Fische* beim *Schiff:* Es handelt sich um viel Geld oder Sie machen eine weite Reise.
- Die Kombination von *Fische, Mond* und *Anker* weist auf eine große und erfolgreiche Transaktion hin. Der *Anker* erzählt uns zudem von einer besonderen Vorliebe und einem großen Talent für diese Arbeit.
- *Fische, Schiff* und *Herz:* König Midas, die Person liebt das Geld und beschäftigt sich ständig mit der Mehrung seines Besitzes.
- Die *Fische* und das *Buch:* Es wird viel gelernt.

- Die *Fische* und das *Herz:* die betreffende Person lässt mehr Liebe in ihrem Leben zu.
- Die *Fische* und das *Haus:* Ein großes Haus ist gemeint.
- Der *Reiter* bei den *Fischen* sagt, dass Ihre Kommunikation zunehmen wird, vielleicht läutet das Telefon andauernd. Die Gespräche können Sie bereichern.
- *Fische* mit *Ring* und die *Lilie* liegt unter der *Personenkarte:* Weist darauf hin, dass man mehrere Partner haben wird und es nicht ehrlich zugeht.
- Die *Fische* und der *Ring*: Wahrscheinlich wurde diese Ehe aus finanziellen Gründen eingegangen.

Ratschlag

Denken Sie in großen Maßstäben! Erweitern Sie Ihr Blickfeld.

Charakter

Eine fröhlicher und optimistischer Besserwisser vom Typ Weltreisender. Er findet sich selbst ziemlich toll, ja manchmal sogar erhaben über andere Menschen. Durch den Optimismus und den Drang nach Vermehrung fängt er viele Sachen gleichzeitig an und merkt dann, dass er die eigenen Kräfte überschätzt hat.

Äußeres Erscheinungsbild

Diese Person ist von großer Gestalt. Sie ist fröhlich, freundlich und selbstbewusst.

Gesundheit

Liegen die *Fische* beim Arzt *(Wolken + Baum)*, weist dieses auf einen Heilpraktiker hin, der mit Medikation arbeitet, wie z.B. ein Homöopath, ein Bachblütentherapeut oder ein Kräuterheiler.

Personenkarte

Diese Karte ist zudem eine *Personenkarte* und hat als solche mit der sonstigen Kartenbedeutung nichts zu tun.

Es handelt sich um einen energiegeladenen Mann mit einem „feurigen“ Charakter, einem starken Ego und viel Unternehmungslust. Er hat höchstwahrscheinlich die Sonne im Zeichen *Widder*, *Löwe* oder *Schütze*.

35. Der Anker

Positive Karte
Treffwörter: Die große Liebe, ein Halt, Stabilität, Glück beim Handel

Traditionell
Diese Karte verspricht Glück auf dem Meer, beim Handel und im Gewerbe. Befindet sich der *Anker* bei Ihrer *Personenkarte,* deutet dies auf lebenslange Treue in der Liebe hin. Liegt der *Anker* aber weit entfernt, dann versinnbildlicht er Launenhaftigkeit und Unberechenbarkeit in der Liebe.

Allgemein
Seit langem gilt der *Anker,* genau wie der vierblättrige Klee und das Hufeisen, als Glücksbote. Der Anker sorgt dafür, dass das *Schiff* nicht abtreiben kann. Darum symbolisiert die Karte der *Anker* auch Halt und Stabilität.
Liegt der *Anker* in der Nähe Ihrer *Personenkarte,* dann befinden Sie sich in einer stabilen Phase. Es kann sich um einen äußeren, aber auch um einen inneren Zustand handeln. Auch wenn die umliegenden Karten schwere Zeiten ankündigen, lassen Sie sich durch Probleme nicht aus dem Gleichgewicht bringen. Sie sind gegen Stress gewappnet.
Aber der *Anker* sagt auch, dass man jemanden sehr liebt: der *Anker* spricht von der großen Liebe.
Bekommen Sie diese Karte als Antwort auf die Frage, wie Ihr Examen verlaufen wird, dann sagt der *Anker* Ihnen, dass Sie die Prüfung voller Zuversicht und in aller Ruhe ablegen können. Sie werden sie bestehen.
Haben Sie eine Frage zu einem Verhältnis und Sie bekommen den *Anker,* dann können Sie sicher sein, dass es sich nicht um ein flüchtiges Liebesbenteuer handelt, sondern um eine große und dauerhafte Liebe.

Kombinationen
- Zusammen mit dem *Mond:* Sie haben die richtige Arbeit, die Sie lieben und die Ihrem Talent entspricht gefunden. Darin sind Sie sehr gut.

- Der *Anker* in Kombination mit „Geldkarten" wie *Schiff* oder *Fische:* Eine sehr gute finanzielle Situation. Sie können überzeugt sein, dass der Handel oder andere finanzielle Unternehmungen positiv verlaufen werden. Zudem kann der *Anker* bei diesen Karten eventuell auf eine Midashaltung weisen (obwohl das in der Regel durch das *Herz* angezeigt wird). Die betreffende Person steckt sehr viel Energie in die Vermehrung ihres Besitzes, weil sie glaubt, dass ihr das Selbstvertrauen und Sicherheit gibt.
- Der *Anker* in Kombination mit dem *Haus:* Sie lieben Ihr Haus, in dem Sie sich geborgen fühlen und in Sicherheit wissen.
- Liegt der *Anker* beim *Schlüssel* (die Lösung), ist es ratsam etwas zu suchen, was einem einen Halt im Leben geben kann. In den umliegenden Karten können Sie sehen, welche Art Halt gemeint ist: Liegt eine *Personenkarte* in der Nähe, kann diese Person Ihnen eine Stützte sein. Befindet sich dort die *Sonne* mit dem *Mond,* werden Sie Trost und Unterstützung in der Spiritualität finden. Liegt das *Haus* dabei, wird Ihr häusliches Privatleben, Ihre Familie Ihnen Halt bieten können. Der *Schlüssel* beim *Anker* kann auch einen Rat beinhalten, wie Sie sich besser erden (= Wurzeln schlagen, mit beiden Füßen auf dem Boden stehen) können.

Ratschlag

Suchen Sie einen Halt und eine Stütze. In Beziehungsfragen: Geben Sie Ihrem Partner oder Ihrer Partnerin viel Liebe und Aufmerksamkeit. Die Beziehung ist die Mühe wert.

Charakter

Bei dieser stressbeständigen Person fühlt man sich geborgen und sicher, weil sie ein großes und tiefes inneres Selbstvertrauen hat. Er/Sie ist ein richtiger Halt.

Äußeres Erscheinungsbild

Diese Person steht mit beiden Füßen fest auf dem Boden. Ihre Ausstrahlung ist solide und vertrauenerweckend.

Gesundheit

Der *Anker* weist auf eine stabile Situation hin.

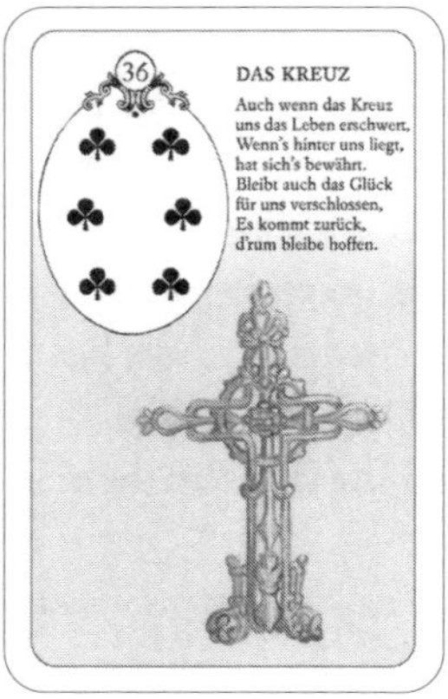

36. Das Kreuz

Negative Karte
Treffwörter: Widerwärtigkeiten, Missgeschick, Verringerung, Abnahme

Traditionell
Das *Kreuz* wird als Unglücksbote bewertet. Liegt es in der Nähe Ihrer *Personenkarte,* erwartet Sie eine kurze Periode, die von Misserfolgen geprägt ist.

Allgemein
Das *Kreuz* ist ein altes und starkes Symbol. Denken Sie an „das Kreuz, das wir tragen". Liegt diese Karte bei Ihrer *Personenkarte,* befinden Sie sich wahrscheinlich in einer trüben und negativen Stimmung. Das *Kreuz* bringt uns Verzögerung und Widerwärtigkeiten. Das drückt das Kreuzsymbol auch aus: die vertikale Linie ist die treibende Kraft, die horizontale Linie bietet Widerstand. Der Widerstand verzögert die treibende Energie. Dadurch, dass der Widerstand überwunden wird, verstärkt sich aber auf die Dauer die Kraft.
Das *Kreuz* weist auf „den Ernst des Lebens" hin. Die Frage ist: was wollen Sie wirklich? Alles Unnützte und Überflüssige wird weggenommen. Was übrigbleibt, ist echt und dauerhaft. Das *Kreuz* verzögert. Deshalb spielt Zeit bei dieser Karte eine wichtige Rolle: Gemeint ist sowohl das Langdauernde, das Beständige als auch ein zyklischer Verlauf – es gibt eine Zeit zu kommen und es gibt eine Zeit zu gehen.
Liegt das *Kreuz* als Resultatenkarte, wird Sie das Endergebnis enttäuschen. Im Gegensatz zu den *Fischen,* die eine Vermehrung anzeigen, weist das *Kreuz* auf Verringerung und Abnahme hin. Die umliegenden Karten zeigen an, was abnehmen wird, was sich verzögert und was mühsam voran geht.

Kombinationen
- Liegt das *Kreuz* bei Ihrer *Personenkarte* und neben der *Sonne,* weist dies auf eine Frage hin, der Sie ganz persönlich nachgehen müssen: Wer sind Sie wirklich? Identifikation mit einem Job oder Image ist nicht mehr aus-

reichend. Die *Sonne* sagt auch, dass wir uns durch ein bisschen Misserfolg nicht gleich entmutigen lassen.

- Liegt das *Kreuz* beim *Anker* oder beim *Herzen*, werden die Liebesgefühle (zeitlich) abkühlen. In einer solchen Periode neigen wir dazu, über unsere Beziehung erneut nachzudenken. Hat sie eine gute Basis, wird sie diese Phase gut überstehen.
- Liegt das *Kreuz* bei den „Geldkarten" *(Schiff, Fische)* weist dieses auf eine marode finanzielle Situation hin. Es ist ratsam, dass Sie Ihre Ausgaben beschränken und Ihre Finanzen ordnen. Denken Sie gut über den tatsächlichen Nutzen von Anschaffungen und über unüberlegte Ausgaben nach.

Ratschlag

Bearbeiten Sie die Sache, über die Sie Auskunft haben wollen, mit Geduld, Ernst und Disziplin. Das *Kreuz* ist auch ein Haltesignal: das, was Sie vorhaben, erfährt nicht überall Zuspruch. Warten Sie ab, bis der Wind aus einer günstigeren Richtung weht.

Charakter

Es handelt sich um eine seriöse und disziplinierte Person, die ein schlichtes Leben führt. Er/Sie neigt zum Pessimismus und Perfektionismus. Darum traut er/sie sich oft nicht, etwas Neues anzufangen. Er/Sie ist überzeugt, dass einem die guten Dinge des Lebens nicht einfach in den Schoß fallen, sondern dass man lange und hart dafür arbeiten muss.

Äußeres Erscheinungsbild

Die Figur ist lang, mager und drahtig. Sie trägt mit Vorliebe dunkle und unauffällige Kleidung. Der Blick ist oft auf den Boden gerichtet.

Gesundheit

In Gesundheitsfragen kann das *Kreuz* verschiedene Bedeutungen haben. So können Sie zum Beispiel Gesundheitsprobleme haben und das *Kreuz* weist auf eine langwierige oder chronische Krankheit hin.
Das *Kreuz* deutet aber auch auf die Zähne und die Knochen (-gelenke).
Liegen der *Baum*, das *Kreuz* und die *Rute* beieinander, kann diese Kombination zum Beispiel auf eine Entzündung in der Mundhöhle hinweisen oder auch auf eine Art Rheuma.

Der *Baum,* das *Herz* und das *Kreuz* könnten auf eine eingeschränkte Herzfunktion hinweisen.
Baum, Reiter und *Kreuz* weisen auf eine verringerte Lungenfunktion.
Liegt das *Kreuz* beim *Brief* (Entschluss), dann ist es möglich, dass die Therapie und die Diagnose nicht sehr schnell wirksam sein werden.
Liegt das *Kreuz* beim *Schlüssel* (Lösung), werden Sie auf die Notwendigkeit von Disziplin und Schlichtheit hingewiesen.
Liegt das *Kreuz* beim Arzt *(Baum + Wolken),* kann es sich um einen Zahnarzt handeln, aber auch um einen Kieferchirurgen oder Traumatologen. Liegt dazu auch noch die *Rute* in der Nähe, geht es um einen Rheumatologen.

Die Personenkarten

Weil es nicht jedem leicht fällt, mit den *Personenkarten* zurecht zu kommen, habe ich diesen Karten ein eigenes Kapitel gewidmet. Die Karten von der *Dame* und dem *Herrn* werden dabei nicht berücksichtigt.
Pro Kartenfarbe beinhaltet das Lenormandspiel jeweils drei *Personenkarten*: einen Mann, eine Frau und ein Kind. Diese drei Personen haben bestimmte Übereinstimmungen. Die vier Kartenfarben entsprechen den vier Elementen: *Feuer, Erde, Luft* und *Wasser.*

Feuer

34. die Fische

22. der Weg

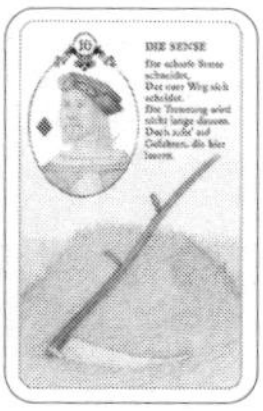

10. die Sense

Treffwörter
Schnell, impulsiv, Initiator, Leiter, stolz, Optimismus, Idealismus, ungezügelt

Diese Menschen leben aus ihrem inneren Feuer heraus. Sie besitzen viel Energie, sind unternehmungslustig und haben eine frohe Natur, die sich aus einer positiven Grundeinstellung speist – besonders wenn es um ihre eigenen Belange geht. Das gibt ihnen einen egozentrischen Zug. Mit der Materie haben sie einige Schwierigkeiten, denn sie sind nicht besonders praktisch veranlagt. Der alltägliche Trott ist ihnen ein Graus. Sie kommen auch nicht auf die Idee, auf Körpersignale zu achten, nein, die Materie erfahren sie als eine Behinderung in der Umsetzung ihrer Ideen in die Tat. Lieber tanzen sie den großen Lebenstanz. Das Licht ihres inneren Feuers sorgt dafür, dass sie

sich ihnen bietende Möglichkeiten erkennnen und intuitiv handeln. Sie stehen gern im Rampenlicht und senden ihr Licht aus, ihr Enthusiasmus ist sehr ansteckend. Diese geborenen Führungspersönlichkeiten betrachten das Leben als ein großes Abenteuer.
Feuer-Menschen haben Probleme mit den Erdetypen.

Erde

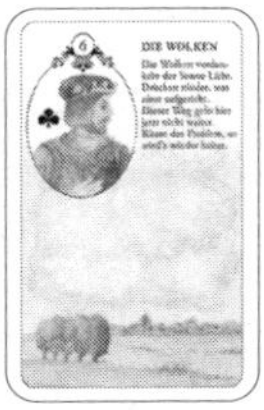

6. die Wolken

7. die Schlange

11. die Rute

Treffwörter
Praktisch, ausdauernd, besitzend, sensuell, beobachtend, verantwortlich, vorsichtig, beherrscht

Im Gegensatz zu den Feuer-Menschen reagieren Erde-Menschen genau entgegengesetzt. Sie sind auf die Materie und die Sinne eingestellt. Dadurch brauchen sie festen Boden unter den Füssen und Sicherheit. Sie sind seriös, nüchtern und praktisch, können viel Verantwortung tragen, haben Geduld, Organisationstalent und Ausdauer. Unter diesen Menschen finden wir nur selten große Initiatoren. Es sind die Arbeitspferde von den *Personenkarten.* Sie müssen aber aufpassen, dass sie vor lauter Verpflichtungen und harter Arbeit nicht ihre Lebensfreude verlieren.
Sie kommen ganz aus ihrem Konzept, wenn sie „unbekanntes Gebiet" betreten müssen; denn sie können sich das Neue nur schwer vorstellen, wodurch das Loslassen des Alten etwas sehr Beängstigendes wird. Darum meiden sie lieber drastische Vänderungen und Erneuerungen. Eine eigene Meinung formen sie langsam und sorgfältig. Aber haben sie sich einmal eine Meinung gebildet, dann gehen sie von dieser nicht mehr so schnell ab. Sie sind schwer von einem gefällten Urteil wieder abzubringen.

Luft

9. *die Blumen*

13. *das Kind*

30. *die Lilie*

Treffwörter
Verbal, mental, veränderlich, nervös, neugierig, Luxus, unentschlossen, theoretisierend, diplomatisch, distanziert, kontaktfreudig

Die Luft-Menschen reagieren über ihre Ratio, das Denkvermögen. Sie benötigen den Austausch von Gedanken. Das geschriebene und gesprochene Wort ist für sie von großer Bedeutung. Weil Sie rationell und unpersönlich vorgehen, machen sie einen kühlen und distanzierten Eindruck. Der Vorteil ist, dass dieses Vorgehen die Objektivität befördert.
Sie theoretisieren liebend gerne, denken sich allerlei Systeme aus, die sie dann wieder miteinander vergleichen. Die Praxis muss sich eben daran anpassen. Es geht ihnen auch nicht so sehr darum, ihre Ideen in die Tat umzusetzen, wodurch sie sich im Bauen von Luftschlössern verlieren und wegschweben können.
Geld ist ihnen wichtig (was man in der Regel den Erde-Menschen in die Schuhe schiebt), weil es ihnen Luxus und Mobilität ermöglicht. Sie sind unbeständig. Gefühle erfahren sie als bedrohlich, da sie ihnen oft als unlogisch erscheinen. Luft-Menschen neigen deshalb dazu, Gefühle wegzuargumentieren oder sie einfach zu unterdrücken.
Es ist kein Wunder, dass sie Problme mit den Wasser-Typen haben.

Wasser

4. das Haus

17. der Storch

24. das Herz

Treffwörter
Sensibel, emotional, versorgend, bemutternd, passioniert, verträumt, phantasievoll, aufopfernd, mitfühlend, (Selbst-) Mitleid

Die Wassermenschen besitzen nicht die Objektivität der Luft-Menschen, weil sie aus ihren Gefühlen heraus handeln. Emotionen sind persönlich, wechselnd und subjektiv. Gerade dadurch haben die Wasser-Menschen die Fähigkeit, sich in andere hineinzuversetzen und zu begreifen. Des öfteren neigt diese Sensibilität zur gefühlsmäßigen Verwirrung, weil sie unbewusst und ungewollt die Gefühle anderer wahrnehmen als ob es die eigenen wären. Dann verwischt sich die Grenze zwischen eigenen Gefühlen und denen der anderen.
Es sind Menschen, bei denen man sich so richtig schön ausweinen kann. Sie finden die Sorge um den anderen wichtig, sind gefühlvoll, verwundbar und haben wenig Selbstvertrauen. Ihr Benehmen und ihre Stimmungen scheinen unvorhersehbar, weil sie durch ihre wechselnden Gefühle gesteuert werden – himmelhoch jauchzend, zu Tode betrübt –, aber auch weil sie ein starkes Bedürfnis nach emotionaler Resonanz ihrer Umwelt haben. Um diese zu bekommen, können sie plötzlich ein Drama heraufbeschwören und der andere weiss gar nicht, wie ihm geschieht. Denn vom rationalen Standpunkt besehen, scheint die Sache völlig unbegründet zu sein.

Gott verlieh die Gabe des Schauens nur dem Unbewussten.
Plato

Das Legen der Karten

Bevor Sie mit dem eigentlichen Legen der Karten beginnen, ist es wichtig, dass Sie einen sauberen, aufgeräumten, ruhigen Platz haben. Am besten einen, an dem die Karten für eine Weile liegenbleiben können. Um eine ruhige Atmosphäre zu kreieren, können Sie eine Kerze anzünden, Weihrauch abbrennen oder ätherisches Öl verdampfen lassen. Dann legen Sie sich einen Stift, Schreibpapier und die Karten auf den Tisch. Sie notieren das Datum und für welche Person Sie die Karten legen wollen.
Legen Sie niemals die Karten, wenn Sie unruhig oder emotional aufgewühlt sind! Z.B., wenn Sie sich große Sorgen um Ihr Kind oder Ihr Haustier machen. Sollten Sie in diesem Gemütszustand die Karten legen, werden Sie keine wirkliche Antwort auf Ihre Frage bekommen, sondern nur eine Bestätigung Ihrer Befürchtungen oder Ängste. In dem Fall sollten Sie besser zu einem guten Kartenleger gehen.
Versetzen Sie sich erst in einen ruhigen Zustand, z.B. mit einer kurzen Meditation. Überlegen Sie gut, was Sie genau wissen möchten. Formulieren Sie Ihre Frage so präzise wie möglich. Wenn Sie die Karten für sich selbst legen, denken Sie einmal an einen kürzlich geträumten Traum. Geben Sie diesem einen Titel und schreiben Sie ihn kurz auf. Notieren Sie auch die Frage, die Sie auf dem Herzen haben. Denken Sie darüber nach, welche Legemethode sich am besten für diese Frage eignet. Notieren Sie auch die Legemethode und vergessen Sie das Datum nicht.
Jetzt nehmen Sie die Karten auf und mischen Sie sie gut durch, bis Sie das Gefühl haben, dass es gut ist. Während Sie mischen, konzentrieren Sie sich auf Ihre Frage. Danach nehmen Sie die Karten in die linke Hand und machen von links nach rechts drei Stapel.
Nun nehmen Sie die Karten –auch von links nach rechts – mit der linken Hand wieder auf, so dass wieder ein Stapel Karten entsteht. Jetzt können Sie die Karten nach der von Ihnen gewählten Legemethode auslegen. Notieren Sie die gelegten Karten und die Interpretation.

Nach dem Legen werden die Karten in der Regel erst von der Energie der Legung wieder gereinigt. Das heisst, Sie ordnen die Karten nach Ihrem System, zum Beispiel nach Nummern. Danach legen Sie die Karten zurück in die Schachtel oder in ein dafür bestimmtes Tuch. Einige Kartenleger bewahren ihre Karten auf „Herzhöhe". (Bei einer durchschnittlichen Länge wäre das ungefähr 130 cm über dem Boden.) Wenn Sie das für eine nette Idee halten, können Sie auch das machen. Ich bewahre meine Karten am liebsten in einem geschlossenen Kasten auf.
Auf den nächsten Seiten werden Sie eine ausführliche Beschreibung diverser Legemethoden finden.

Die Ja/Nein-Legung

Methode mit einer Karte
Dies ist die einfachste Legemethode, geeignet für Fragen, die man deutlich mit einem Ja oder Nein beantworten kann. Formulieren Sie ihre Frage so, dass es möglich ist, sie mit *ja* oder *nein* zu beantworten.

Sie mischen die Karten, so wie es im vorigen Kapitel, *Das Legen der Karten*, beschrieben ist. Nehmen Sie die oberste Karte ab und drehen Sie sie um, so dass sie sich Ihnen zuwendet. Diese Karte notieren Sie. Ist die Karte *positiv*, lautet die Antwort auf Ihre Frage ja, eine *negative* Karte bedeutet nein und eine *neutrale* Karte verlangt weitere Auskünfte.

Wenn Sie keine oder wenig Erfahrung mit dem Kartenlegen haben, ist dies die einfachste Methode, es zu erlernen. Sie schauen im Buch nach, ob die Karte positiv oder negativ ist. Dazu können Sie sich die Treffwörter ansehen und einen Text suchen, der Ihrer Frage möglichst nahe kommt.

Ein Beispiel
Frage: Werde ich den Job kriegen?

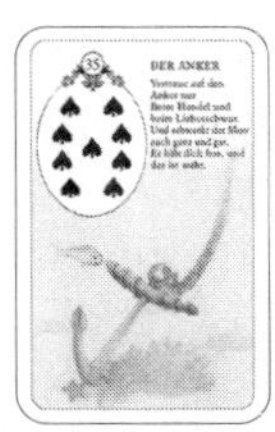

35. Der Anker

Eine positive Karte, die Antwort ist *ja*.
Spezifisch: Der Job passt zu mir, ich eigne mich dafür, ich werde mich in diesem Job gut fühlen.

36. das Kreuz

Negative Karte, die Antwort lautet *nein.*
Spezifisch: Missgelingen, Widerwärtigkeiten. Will ich diesen Job wirklich? Es ist nicht der richtige Zeitpunkt. Vielleicht wird dieser Betrieb sogar die Angestelltenzahl senken?

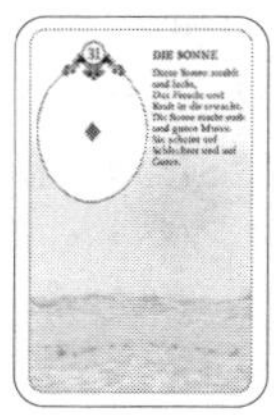

31. die Sonne

Positive Karte, die Antwort heisst *ja.*
Spezifisch: Alles ist klar und deutlich. Ich habe Mut und Selbstvertrauen und hinterlasse einen guten Eindruck.

17. der Storch

Neutrale Karte, also heisst die Antwort *„jein".*
Spezifisch: Veränderung/veränderlich. Vielleicht möchte ich den Job jetzt haben, aber vielleicht denke ich später anders darüber.

Die Wann-Legung

Erweiterte Methode mit jeweils einer Karte

Sie mischen und stapeln die Karten wie beschrieben. Dann nehmen Sie jeweils die oberste Karte vom Stapel und drehen sie um (so dass sie offen liegt), bis Sie eine positive Karte gezogen haben.

Beispiele

Frage: Wie oft muss ich die Prüfung machen, bis ich meinen Führerschein bekomme?

10. die Sense

5. der Baum

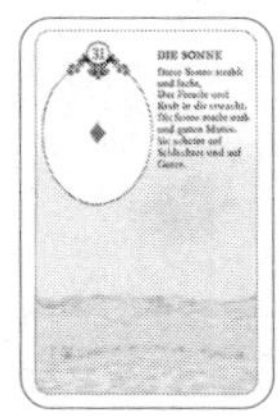

31. die Sonne

Antwort:

Das erste Mal nicht, ich bin zu ängstlich.

Das zweite Mal auch nicht, vielleicht bin ich unpässlich oder etwas anderes ist nicht in Ordnung.

Das dritte Mal gelingt es, ich bekomme mit Glanz und Gloria meinen Führerschein.

15. der Bär

11. die Rute

9. die Blumen

Antwort:

Das erste Mal nicht, der Prüfer gönnt es mir nicht.

Das zweite Mal auch nicht, der Prüfer und ich haben eine Auseinandersetzung.

Das dritte Mal gelingt es, ich bekomme den Führerschein praktisch in den Schoß gelegt.

Die Dreierlegung

Methode mit drei Karten

Diese Methode ist dazu geeignet, Näheres über den Verlauf einer Situation zu erfahren. Sie lernen auch gleich, die Bedeutung der Karten miteinander zu kombinieren. Das assoziative Denken ist unentbehrlich für die Interpretation.

Sie mischen und stapeln die Karten wie beschrieben. Dann legen Sie die erste Karte links, die zweite Karte in die Mitte und die dritte rechts auf den Tisch.

Vergangenheit *Gegenwart* *Zukunft*

Beispiele

Frage: Wie wird die Sache mit dem Hauseigentümer ablaufen?

5. der Baum

19. der Turm

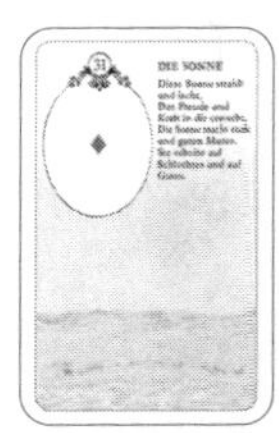

31. die Sonne

Antwort

1. Die Vergangenheit: Negativ. Etwas war nicht in Ordnung.

2. Die Gegenwart: Neutral. Es wird eine Instanz eingeschaltet.

3. Die Zukunft: Positiv. Die Mängel kommen ans Licht. Ich werde die Sache gewinnen.

Frage: Wie wird meine Beziehung verlaufen?

24. *das Herz*

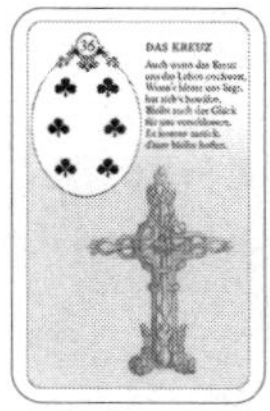

36. *das Kreuz*

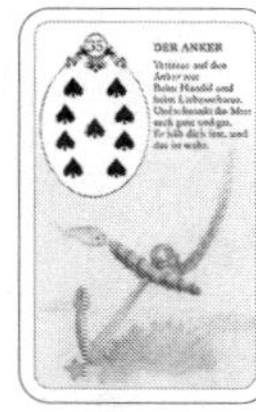

35. *der Anker*

Antwort

1. Die Vergangenheit: Positiv. Es herrschten Liebe und Freude.
2. Die Gegenwart: Negativ. Eine Krise, die Liebe hat sich verringert und wird getestet.
3. Die Zukunft: Positiv. Wir kommen gestärkt aus diesem Tal heraus. Die anfängliche Verliebtheit wandelt sich in eine große, dauerhafte Liebe.

Variationen der Dreierlegung

Die Legemethode mit drei Karten eignet sich auch für eine ja/nein Antwort. Eine Karte gibt die Antwort und die anderen zwei fungieren als Ergänzung der Antwortkarte.

Extra Auskunft

Die Antwort

Extra Auskunft

Beispiele

Frage: Wie geht es meinem Kind auf dieser Schule?

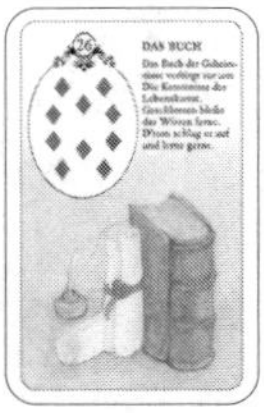

26. das Buch

5. der Baum

1. der Reiter

Antwort

1. Negativ. Nein, meinem Kind geht es dort nicht gut. Etwas ist nicht in Ordnung. Vielleicht bedrückt mein Kind etwas.
2. Extra Auskunft: Negativ. Ein Geheimnis, die Schule ist selbst nicht in Ordnung. Vielleicht ist es die Lehrmethode.
3. Extra Auskunft: Neutral. Die Kommunikation.

Schlussfolgerung

Diese Schule eignet sich nicht für mein Kind. Es ist dort etwas nicht in Ordnung. Das kann etwas mit der Kommunikation und der Lehrmethode zu tun haben. Vielleicht wird dort kein guter Unterricht gegeben.

Frage: Sollte ich mich besser nach einem anderen Job umsehen?

3. das Schiff

9. die Blumen

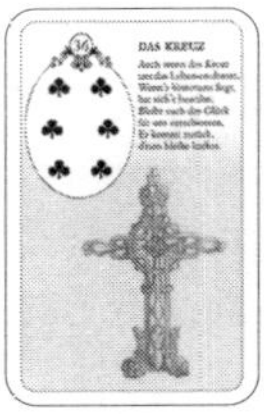

36. das Kreuz

Antwort

1. Positiv. Ja, weil die Karte positiv ist, lautet die Antwort ja, auch wenn die Kartenbedeutung passiv ist. In dem Fall haben Sie keine Eile. Warten Sie ruhig ab und sehen Sie, welche anderen Gelegenheiten sich Ihnen bieten.

2. Extra Auskunft: Es geht ums Geld.
3. Extra Auskunft: Zuwenig.

Schlussfolgerung
Die Antwort lautet, dass es gut ist, sich nach einem anderen Job umzusehen, weil der heutige zu wenig Lohn einbringt. Sie haben aber keine Eile und können in aller Ruhe auf zukünftige Chancen warten.

Frage: Kann ich etwas unternehmen, damit ich umziehen kann?

5. der Baum

34. die Fische

7. die Schlange

Antwort
1. Positiv. Ja. Vermehrung.
2. Extra Auskunft: Etwas ist nicht in Ordnung, Krankheit.
3. Extra Auskunft: Täuschung, Gift.

Schlussfolgerung
Wenn Sie die Kartenbedeutungen miteinander verbinden, bekommen Sie folgende Erklärung:
Es ist richtig, etwas zu unternehmen, damit Sie umziehen können. Es existiert die Möglichkeit, eine grössere Wohnung zu bekommen. Die heutige Wohnung ist nicht in Ordnung. Es kann sich um etwas Krankmachendes wie Gift oder die Gasleitung oder etwas Derartiges handeln.

Die Viererlegung

Methode mit vier Karten
Mit dieser Methode bekommen Sie mehr Einblick, was Sie Ihrem angestrebten Ziel näher bringt und was Sie davon entfernt.

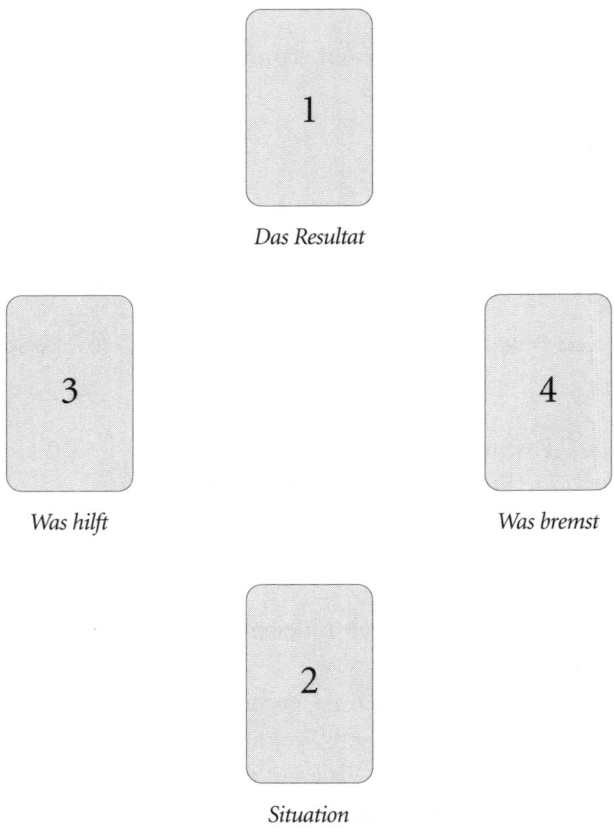

Beispiele
Frage: Die Atmosphäre auf meiner Arbeitsstelle verschlechtert sich. Was kann ich dagegen tun?
(Siehe Abbildung auf der nächsten Seite.)

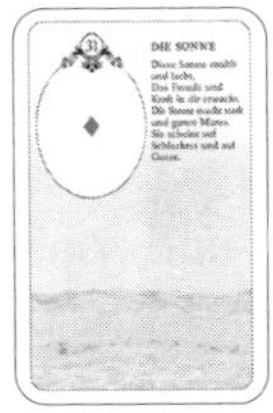

31. die Sonne

30. die Lilie

22. der Weg

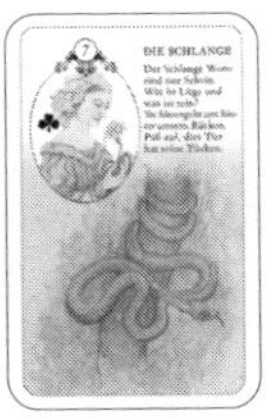

7. die Schlange

Antwort

1. Das Resultat: Eine positive Entwicklung zeichnet sich ab. Es kann etwas ans Tageslicht kommen.

2. Die Situation: Negativ. Lügen, betrügen, Missverständnis, Verwirrung.

3. Was hilft: Eine positive Einstellung wird Ihnen helfen. Außerdem brauchen Sie einen Helfer *(Personenkarte)*, der Sie unterstützt. Vielleicht ist es der Abteilungsleiter.

4. Was bremst: Weggehen wird nichts ändern. Die Ursache für diese Verwirrung könnte eine feurige und ambitionierte Dame *(Personenkarte)* sein.

Schlussfolgerung

Es besteht die Möglichkeit, dass eine Frau, vielleicht mit dem Sternzeichen Widder, Löwe oder Schütze, auf der Arbeit lästert und Lügen verbreitet. Sie hat gern die Leitung in der Hand, ist optimistisch und hat viel Energie. Es ist natürlich von großem Nachteil, dass die Karten keine Namen nennen können. Darum müssen wir sehr vorsichtig sein mit Anschuldigungen von Personen. Mit Hilfe einer älteren und erfahrenen Person, zum Beispiel dem Abteilungsleiter, ist es möglich, die Sache zu klären und so wieder zu einem entspannten Arbeitsklima zu gelangen.

Frage: Meine Katze ist krank. Was kann ich tun?

2. der Klee

6. die Wolken

9. die Blumen

36. das Kreuz

Antwort
1. *Das Resultat:* Die Krankheit wird gut verlaufen.
2. *Die Situation:* Zur Zeit leidet die Katze, etwas dauert lang, etwas wird gebremst. Ablagerung, die Knochen, die Zähne.
3. *Was hilft:* Ein Hindernis?
4. *Was bremst:* Nichts unternehmen, abwarten.

Schlussfolgerung
Nun haben Sie ein Problem! Was wird Ihnen mit den *Wolken* begegnen? Lesen Sie erst einmal in aller Ruhe die Karten, die leichter zu verstehen sind. Das *Kreuz* erzählt uns, dass es Ihrer Katze wirklich nicht gut geht. Die Krankheit könnte etwas mit den Knochen oder den Zähnen zu tun haben. Es kann sich auch um eine Ablagerung handeln. Die Krankheit wird sich mit Sicherheit verschlimmern, wenn nichts unternommen wird. Eigentlich ist es jetzt logisch, an den Tierarzt zu denken. Wenn wir aber nur pro Position eine Karte legen, ist eine Kartenkombination nicht möglich, wie z.B. die des Arztes *(Baum + Wolken)*. Es könnte also sein, dass die Karte die *Wolken* uns rät, tunlichst den Tierarzt aufzusuchen.

Variationen der Viererlegung

Methode mit zwölf Karten

Wie sich bei der vorigen Frage gezeigt hat, kann es teilweise bei der Interpretation der Karten verwirrend sein, wenn nur eine Karte pro Kartenposition gelegt wird. Sie haben schon gelernt, mit einer Antwortkarte zu arbeiten und mit zwei Ergänzungskarten. Das werden wir jetzt für die Variationen brauchen.

Sie legen auf Kartenposition 1, 2, 3 und 4 jeweils drei Karten statt einer Karte. Karte 1 gibt die Antwort, die Karten zwei und drei geben ergänzende Auskünfte.

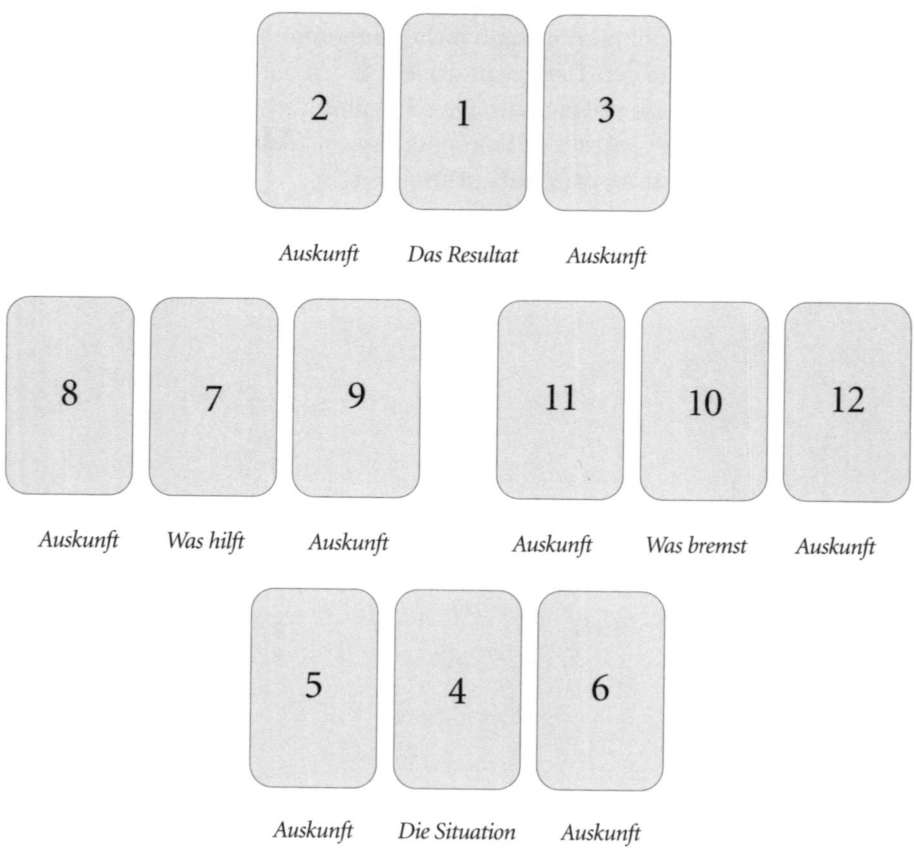

Beispiel

Frage: Meine Katze ist krank. Was kann ich tun?

31. die Sonne - 2. der Klee - 24. das Herz

5. der Baum - 6. die Wolken - 8. der Sarg

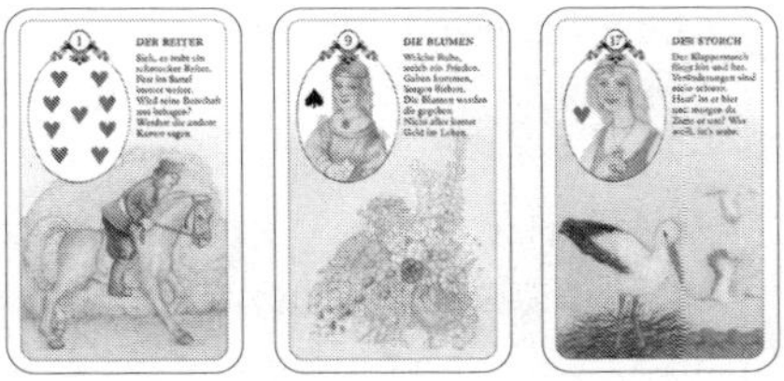

1. der Reiter - 9. die Blumen - 17. der Storch

34. die Fische - 36. das Kreuz - 12. die Vögel

Antwort

Position 1. Das Resultat ist positiv. Die Katze wird wieder gesund. Die Karten 2 und 3 sagen, dass die Katze ihre Lebensfreude wieder zurückgewinnt.

Position 4. Die Situation ist negativ und deutet auf eine Hemmung hin. Karte 5 kann auf Körperflüssigkeit deuten. Karte 6 erklärt, dass das Leiden nur kurz anhalten wird.

Position 7. Was hilft, ist ein Arzt (zusammen mit Karte 8). Karte 9 kann zudem eine Operation bedeuten.

Position 10. Was bremst, ist gar nichts zu tun und Karte 11 mit 12 deutet auf Grübeleien hin.

Schlussfolgerung
Zusammen mit den zwei extra Karten und assoziativem Denken, verhilft diese Legemethode zu einem deutlicheren Bild.

Wir können jetzt vermuten, dass die Katze durch eine Hemmung, vielleicht eine Ablagerung Schwierigkeiten mit einer Körperflüssigkeit hat, was ihr Schmerzen verursacht – die *Vögel* zeigen den Schmerz (Leiden) an. Der Tierarzt wird das Tierchen wohl operieren müssen, wodurch es wieder gesund und lebensfroh wird.
Die *Fische* bedeuten Expansion, aber im Zusammenhang mit der Frage und dem *Kreuz* ist die Interpretation von der Körperflüssigkeit wahrscheinlicher. Oder anders formuliert: Etwas, das sich ausbreiten will, wird gehemmt.

Die Karten 2 und 3 können zusammen eine frohe Verliebtheit andeuten, aber in diesem Kontext wird diese Kombination wahrscheinlich auf eine psychische oder physische Besserung der Katze deuten.

Der Rat – gegeben durch die Karten 7, 8 und 9 – könnte einen schon verwirren, weil es negative Karten sind. Aber auch jetzt kommt es darauf an, alles im richtigen Kontext zu sehen.

Wir können im Buch lesen, dass die Kombination von *Baum* + *Wolken* einen Arzt andeutet. Der *Sarg* kann in diesem Zusammenhang auf eine Operation hinweisen oder einen Chirurgen. Es wird also geraten, die Katze wegen einer Operation zum Tierarzt zu bringen. Wir haben schon in dieser Legung gesehen, dass die Katze gesund werden wird. Dann wird die Operation wohl erfolgreich sein: Unser Mitbewohner wird wieder ganz der alte sein.

Das Hufeisen

Methode mit sieben Karten
Diese Legemethode eignet sich dazu, schnell einen allgemeinen Überblick über den Verlauf einer Situation zu bekommen. Neben der Erteilung eines Ratschlages erhalten Sie die Möglichkeit, zu sehen, wie sich ein Beteiligter in der entsprechenden Situation verhält. Sie legen die Karten in Form eines umgekehrten V, wie Sie es auf der Abbildung sehen können.

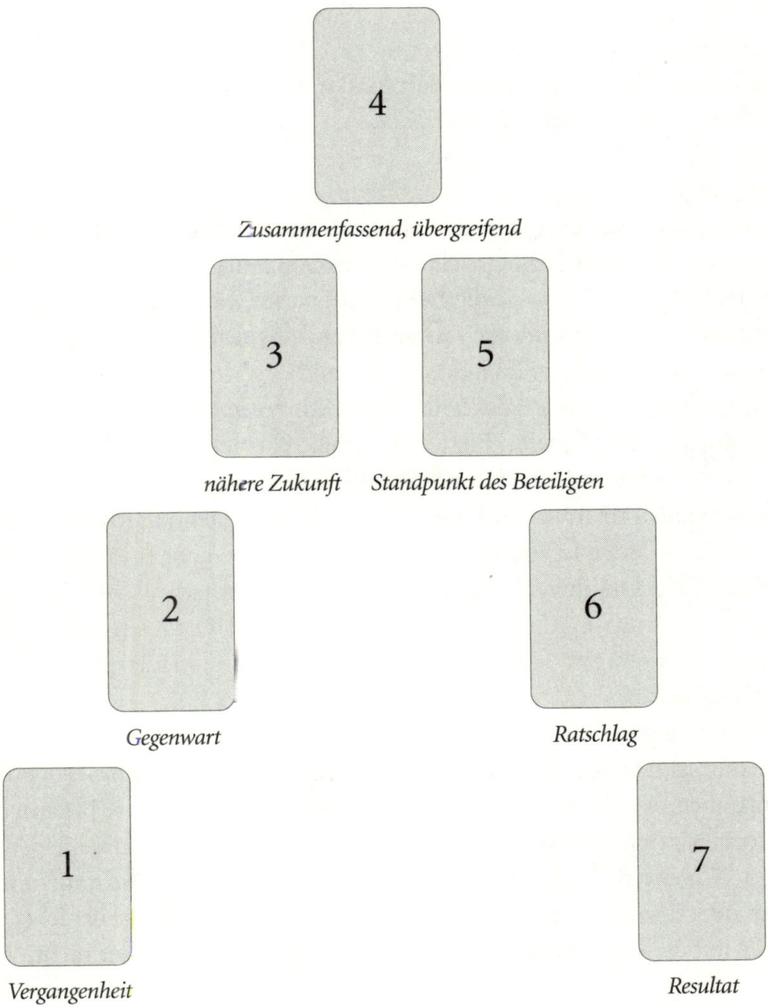

…ng der Kartenpositionen

…	Die Vergangenheit
…	Die Gegenwart
Karte 3:	Die nähere Zukunft
Karte 4:	Die übergreifende Karte, allgemeine Tendenz der Situation
Karte 5:	Standpunkt des Beteiligten in dieser Situation. Wie verändert er/sie die Lage?
Karte 6.	Ratschlag, was Sie am besten tun können.
Karte 7:	Das Resultat, Endergebnis

Beispiel

Frage: Wie wird die geschäftliche Transaktion verlaufen?

(Siehe Abbildung auf der nächsten Seite.)

Antwort

Position 4:	Die *übergreifende, allgemeine* Karte 4 zeigt an, dass dieser Handel erfolgreich sein und Gewinn abwerfen wird.
Position 1:	Die *Vergangenheit* – erzählt uns von einer Veränderung.
Position 2:	Die *Gegenwart* – weist mit entsprechendem Zweifel, auf eine heutige Wahl hin.
Position 3:	Die *nähere Zukunft* – warnt vor kommendem Streit.
Position 5:	Der *andere* – hier der Geschäftspartner ist zuverlässig und nimmt eine freundschaftliche Haltung ein.
Position 6:	Der *Ratschlag* – rät, den sozialen Kontakt aufrechtzuerhalten oder aufzunehmen.
Position 7:	Das *Resultat* – zeigt Gewinn und Geld.

Schlussfolgerung

Die Transaktion wird günstig und gewinnbringend sein. Der Geschäftspartner ist zuverlässig und zudem freundschaflich eingestellt. In der Vergangenheit war die Situation aber nicht stabil. Möglicherweise begann der Fragesteller durch eine plötzliche eintretende Veränderung zu zweifeln, welchen Weg er einschlagen soll. Weil Karte 6 rät, sozialen Kontakt aufzunehmen oder aufrechtzuerhalten, können wir annehmen, dass er unsicher ist, ob er mit diesem Geschäftspartner weiter kooperieren soll oder nicht.

34. die Fische

11. die Rute

18. der Hund

22. der Weg

20. der Garten

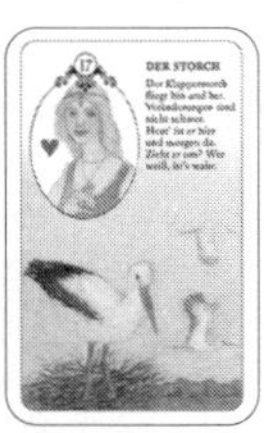

17. der Storch

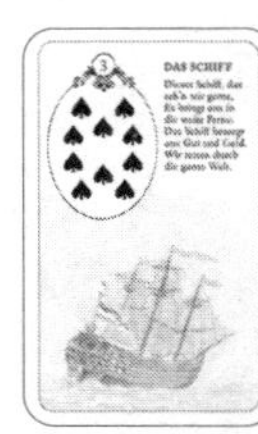

3. das Schiff

Wir können ihn beruhigen, der Partner ist zuverlässig. Zudem ist er es sogar wert, im Freundeskreis aufgenommen zu werden. Will er sich aber zurückziehen, wird dies nur zu unerfreulichem Streit führen. Das Geschäft wird in jedem Fall gut gehen und Gewinn abwerfen.

Das war eine lange Geschichte, die wir durch das Legen von nur sieben Karten erzählen konnten! Diese Legemethode gehört darum auch zu meinen bevorzugten. Sie ist einfach und aufschlussreich.

Das Keltische Kreuz

Methode mit zehn Karten

Das Keltische Kreuz ist eine klassische und wahrscheinlich die am meisten gebrauchte Legemethode. Darum ist es möglich, dass Sie von unterschiedlichen Reihenfolgen in der Legung der Karten und hier und da von abweichenden Bedeutungen für die Kartenpositionen hören werden. Die Methode gibt einen Einblick in den Verlauf eines Prozesses und zeigt auf, welche Rolle Sie dabei spielen werden. Wichtig ist auch die Position „Zukunftserwartung“, denn beim *Reiter* wurde schon auf die schöpferische Kraft unserer Gedanken hingewiesen. Die Karten werden folgendermaßen gelegt:

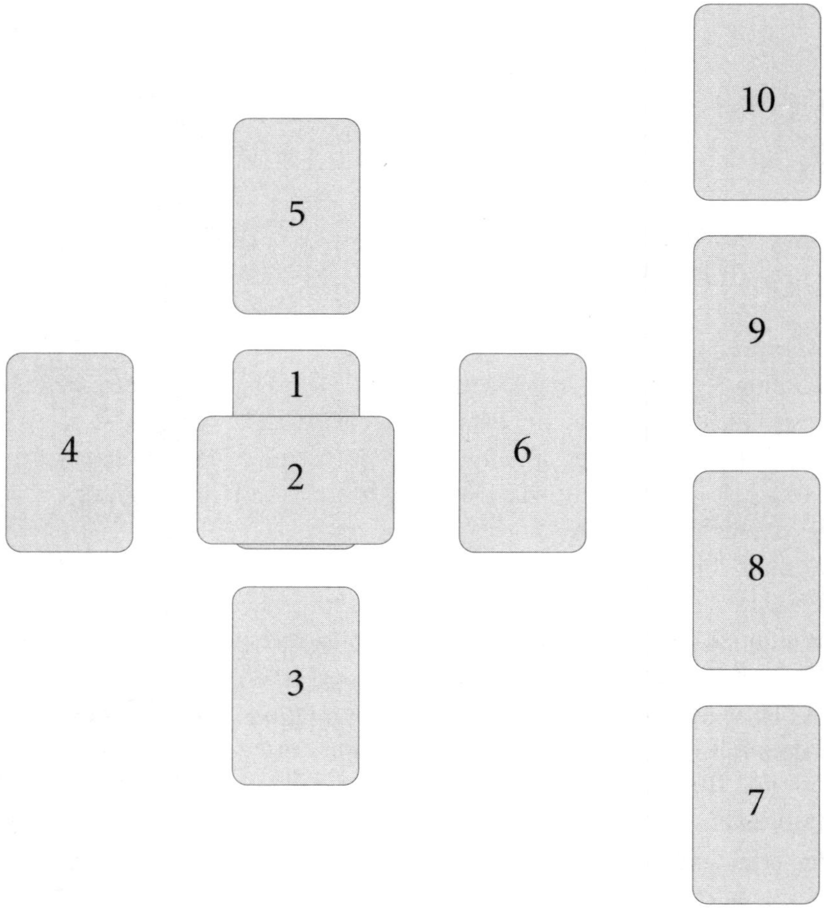

Wenn unsere Zukunftserwartung negativ ist, werden wir den Lauf der Dinge damit negativ beeinflussen. Ich habe schon oft gesehen, dass ein Kunde durch eine positive Kartenberatung der Zukunft sonniger entgegensah, wodurch die nächste Legung positiver werden konnte.

Kartenpositionen
Karte 1: Heutige Situation: Innenseite
Karte 2: Heutige Situation: Außenseite
Karte 3: Die Vergangenheit
Karte 4: Kürzliche Vergangenheit
Karte 5: Allgemeine Tendenz, übergreifende Karte
Karte 6: Nähere Zukunft
Karte 7: Energie, die man einbringt
Karte 8: Wie wir mit anderen in dieser Situation umgehen
Karte 9: Zukunftserwartung
Karte 10: Das Endresultat oder die Zukunft

Beispiel
Frage: Wie ist meine Situation?
(Siehe Abbildung auf der nächsten Seite.)

Antwort
Position 5, (das *Buch*) Allgemeine Tendenz: Dem Fragesteller sind wichtige Dinge nicht bewusst oder er befindet sich in einem Lernprozess.
Position 3, (der *Ring*) Vergangenheit: Die Sache hat mit einem Verhältnis zu tun.
Position 4, (der *Fuchs*) Kürzliche Vergangenheit: Es herrscht Misstrauen. Vielleicht wurde eine List gebraucht.
Position 1, (das *Herz*) Gegenwart: Im Inneren ist der Fragesteller voll Liebe.
Position 2, (der *Turm*) Gegenwart: Äußerlich wirkt er verschlossen.
Position 6, (der *Reiter*) Nähere Zukunft: Es wird gesprochen.
Position 7, (der *Mond*) Energie: Unsicher, emotional.
Position 8, (der *Storch*) Der Fragesteller im Umgang mit anderen: Veränderlich.
Position 9, (der *Sarg*) Zukunfterwartung: Das Ende.
Position 10, (die *Sonne*) Resultat/Zukunft: Aufhellung, Klärung, positiv, optimistisch.

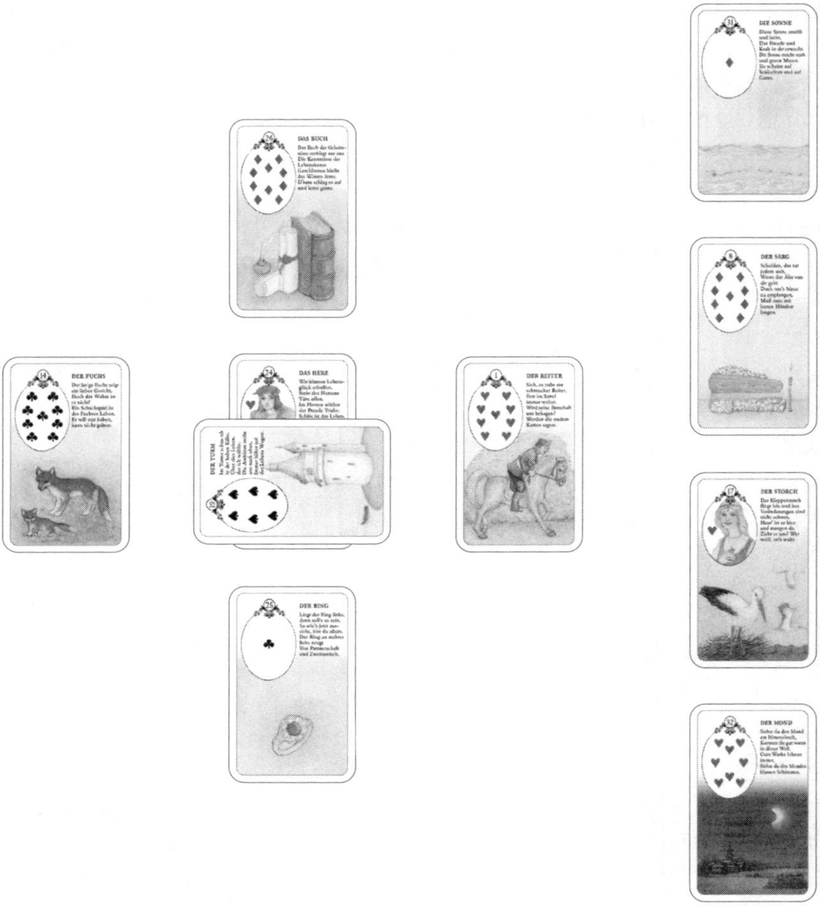

Schlussfolgerung

Der Fragesteller befindet sich in einem Lernprozess. Im Moment weiss er aber nicht mehr „ein noch aus". Das hat mit seiner Beziehung zu tun. Es herrschte Misstrauen vor, wodurch vielleicht mit List und Berechnung gehandelt wurde. Obwohl der Fragesteller den Partner liebt, lässt er sich davon nichts anmerken. Er gibt sich kühl und verschlossen. Ganz zu Unrecht ist er davon überzeugt, dass dem Verhältnis ein baldiges Ende beschieden sein wird. Auf diese Situation reagiert er sehr emotional, mit wechselnden Stimmungen. Zum Glück kann er in Kürze ein Gespräch erwarten. Wahrschein-

lich ein gutes und klärendes Gespräch, wodurch das Verhältnis wieder aus dem Tal kommt und unbeschwerter wird.
Sie machen sich die Interpretation leichter, wenn Sie erst nach gemeinsamen Faktoren suchen.
In dieser Legung zeigen die Karten 5, 7 und 8 die Unsicherheit des Fragestellers, der gar nicht weiss, woran er ist und sich (darum) nicht traut, seine wahren Gefühle zu zeigen. Es ist evident, dass ihm wichtige Kenntnisse fehlen; denn das klärende Gespräch bringt eine deutliche Besserung der Situation.

Variationen Keltisches Kreuz

Die Reihenfolge der Kartenlegung ist hier eine andere. Auch die Bedeutung der Kartenpositionen zeigt hier und da Unterschiede. Die Positionsbedeutung der allgemeinen Tendenz bleibt dieselbe, auch die kürzliche Vergangenheit, die nähere Zukunft, Energie, Zukunftserwartung und das Resultat.

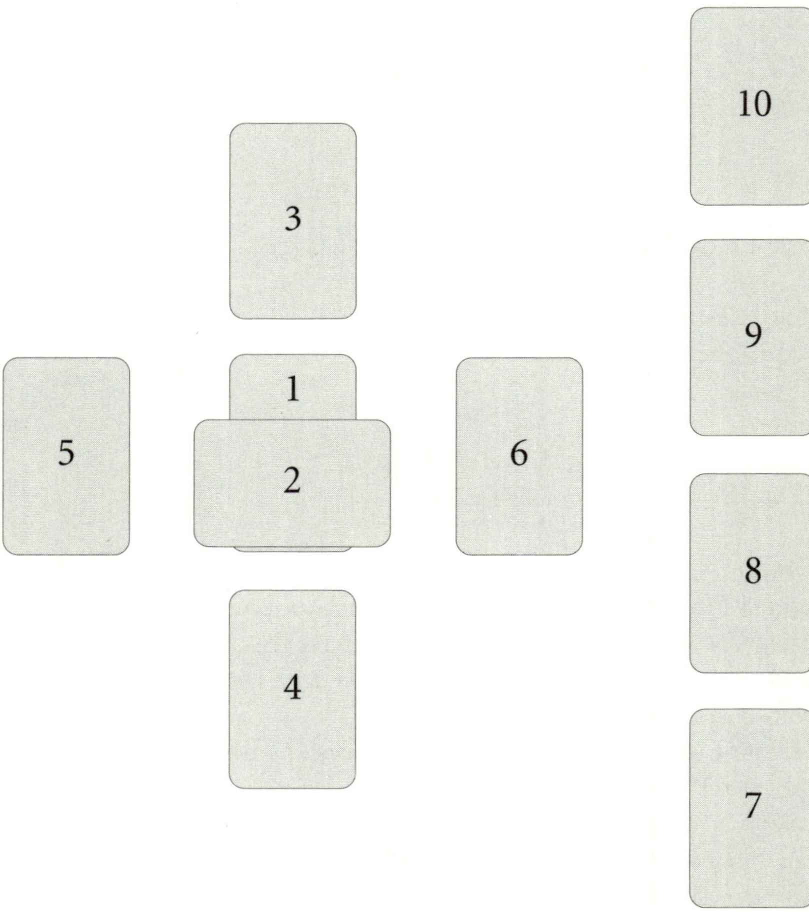

Kartenpositionen

Karte 1: *Einfluss Situation* – Worum es geht.

Karte 2: *Kreuzkarte* – Art des Problems, worin besteht in dieser Situation der Konflikt?

Karte 3: *Vergangenheit* – Die allgemeine Tendenz, übergreifende Karte.

Karte 4: *Ursache* – Die Ursache des Problems, der Situation.

Karte 5: *Vergangenheit* – Wie hat es sich in der Vergangenheit entwickelt?

Karte 6: *Kommende Einflüsse* – Wie wird sich diese Situation weiterentwickeln?

Karte 7: *Eigene Haltung* – Unsere Haltung in dieser Sache.

Karte 8: *Wie andere uns sehen/Image* – Unser Image, wie sehen andere uns in dieser Situation?

Karte 9: *Hoffnungen und Ängste* – Hoffnungen und Ängste für die Zukunft.

Karte 10: *Resultat* – Was wird das Resultat dieser Sache sein?

Diese Variante eignet sich gut, um einen Einblick in die psychische Situation des Fragestellers zu erhalten.

Beispiel

Frage: Wie werde ich mich weiterentwickeln?

(Siehe Abbildung auf der nächsten Seite.)

Antwort

Position 1 (die *Sense*) erzählt uns, dass die Frage mit Ängsten zu tun hat.
Position 2 (der *Storch*) sagt, dass der Konflikt mit Veränderungen zu tun hat.
Position 3 (die *Fische*) zeigt die allgemeine Tendenz. Diese ist gut. Die Person befindet sich in einer expansiven Phase.
Position 4 (das *Kreuz*) weist an, dass die Ursache des Konfliktes in einer schlechten Phase zu suchen ist.
Position 5 (der *Anker*), diese Person kann auch in der Vergangenheit einen Halt in seinem Leben gefunden haben, indem sie für andere als Stütze galt. Vielleich hatte sie schon irgendeinen Erfolg.
Position 6 (der *Schlüssel*) verspricht, dass in Kürze eine Lösung gefunden werden wird.

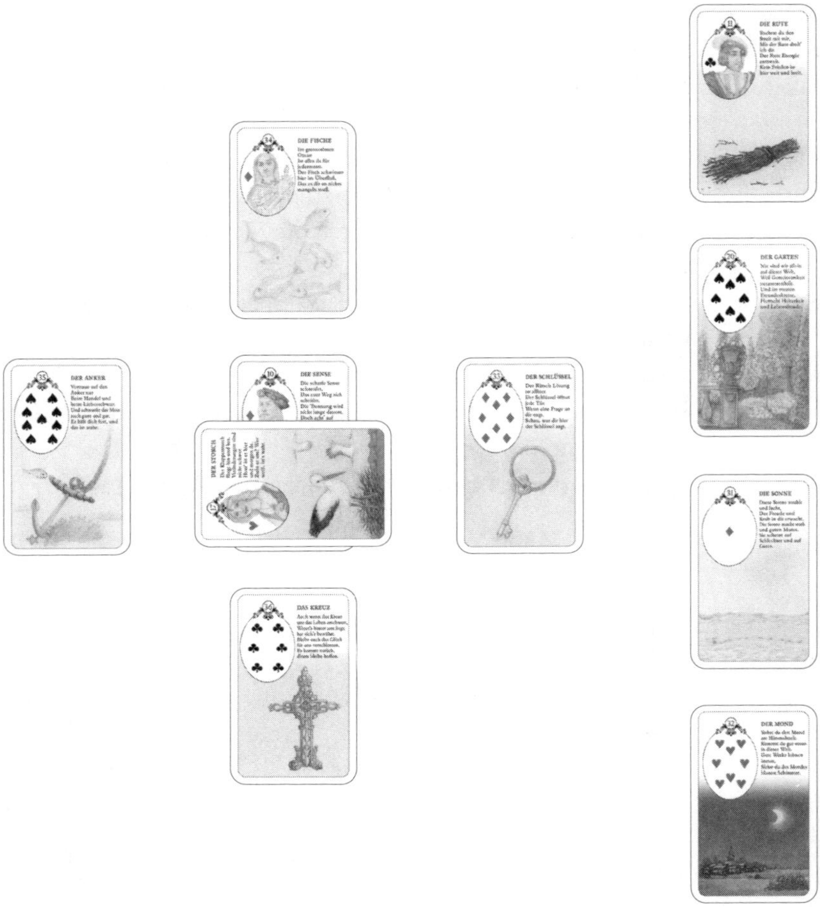

Position 7 (der *Mond*) sagt, dass diese Person unsicher ist und wechselnden Stimmungen unterliegt.

Position 8 (die *Sonne*) zeigt, dass die Umgebung von Ängsten und Unsicherheiten dieser Person nichts merkt. Sie sieht sie als fröhlich und selbstbewusst an.

Position 9 (der *Garten*) weist an, dass diese Person sich für die Zukunft mehr und bessere soziale Kontakte erhofft.

Position 10 (die *Rute*) sagt, das Resultat wird Aggression und Streit sein.

Schlussfolgerung
Diese Person kämpft mit Ängsten, die durch Veränderungen in ihrem Leben aktiviert sind. Die Ursache dieser Ängste kann in der Vergangenheit liegen (Das *Kreuz* weist auf das Langandauernde hin), wie zum Beispiel der Kindheit. Vielleicht wurde die Person damals gehindert, gehemmt, nicht unterstützt. Sie hat sich dann zu einer liebevollen Stütze und einem Halt für andere entwickelt. Vielleicht fand sie selbst einmal einen solchen Halt.

Im Leben dieses Menschen geht es nun aufwärts (Expansion), und er bekommt es mit der Angst zu tun. Er findet in Kürze die Lösung des Problems. Zur Zeit ist er noch unsicher und wechselnden Stimmungen ausgeliefert. Vielleicht konzentriert er sich auch auf die Arbeit. Seine Umgebung sieht seine Unsicherheit und seine Ängste nicht. Sie erfährt ihn als eine selbstbewusste und optimistische Persönlichkeit.

Da die *Rute* das Resultat sein wird, könnte die Lösung in der Selbstbehauptung liegen. Der *Anker* kann auch eine zu friedliche und artige Haltung anzeigen, die die eigenen Bedürfnisse verleugnet. Die *Rute* deutet vielleicht auf das Umschlagen in das andere Extrem hin, nachdem die Person die freundliche Lebensphase hinter sich gelassen hat. Bei einem solchen Prozess wäre das ganz normal. Dann wird sie sich eine Zeit lang egoistisch und aggressiv verhalten und auf Unverständnis in ihrer Umgebung stossen.

Dies alles lässt uns vorsichtig schlussfolgern, dass die Karte das *Kreuz* als Ursache für diese Ängste zur Kindheit passt. Hier beschreibt das *Kreuz* eine Jugend mit einer strengen Erziehung. Wahrscheinlich stellten die Eltern strenge und hohe Ansprüche an das Kind, und es wurde dadurch als Person in seiner Entwicklung gehemmt. Mit anderen Worten: Es war ihm nicht erlaubt, es selbst zu sein. In diesem Fall ist es verständlich, dass dieser Mensch Mühe hat, sich selbst zu behaupten.

Es wird in dem Zusammenhang auch deutlich, warum eine positive Entwicklung in seinem Leben diese (alten) Ängste aktiviert und ihn unsicher macht. Nun ist er seinem Problem so nahe gekommen, dass er in Kürze lernen wird, sich durchzusetzen und auf seine eigenen Bedürfnisse zu hören, obwohl er wahrscheinlich zunächst in das andere Extrem fallen und aggressiv werden wird.

Wenn Sie die Karten für jemand anderen gelegt haben, erzählen Sie diesem die Tendenzen, die Sie aus der Lage der Karten ablesen können. So wie hier, mit dem *Kreuz*, woher kommt das? War es eine lange Pechsträhne? War es eine strenge Erziehung, die von ihm verlangte, dass er nicht er selbst sein durfte? Fragen Sie ruhig nach. War es eine Kombination von beidem?

Diese Legung stammt aus meiner Praxis, ich kann Ihnen also verraten, dass es sich in diesem Fall tatsächlich um eine gehemmte Kindheit gehandelt hat. Die Eltern akzeptierten ihn nicht, so wie er war – er wurde ständig kritisiert. Zudem hatte er eine langjährige Pechsträhne hinter sich mit Widerwärtigkeiten auf jeder Ebene und lang anhaltenden depressiven Phasen. Durch die konstanten Sorgen, Spannungen und Probleme bekam er eine negative Grundeinstellung und wurde zusehends ängstlicher. Nun begann er, aus diesem tiefen Tal zu klettern. Er lernte, positiv zu denken und bekam sein Leben wieder einigermaßen in den Griff. Er lernte auch, sich so zu zeigen, wie er ist. Nun kamen die Chancen und die für ihn nicht einzuordnenden Ängste. Darum war seine Stimmung wechselhaft, von ängstlich und zweifelnd bis fröhlich und optimistisch. Das war der Moment, wo die Karten für ihn gelegt wurden.

Legung zu Partnerschaften mit dem Keltischen Kreuz

Es ist möglich, die Methode des Keltischen Kreuzes so abzuwandeln, dass sie sich für Legungen zu Partnerschaften eignet. Dafür werden drei extra Karten ins Spiel gebracht: Sie verdoppeln die Kartenpositionen 7, 8 und 9. Diese extra Karten 8, 10 und 12 sind für den Partner.

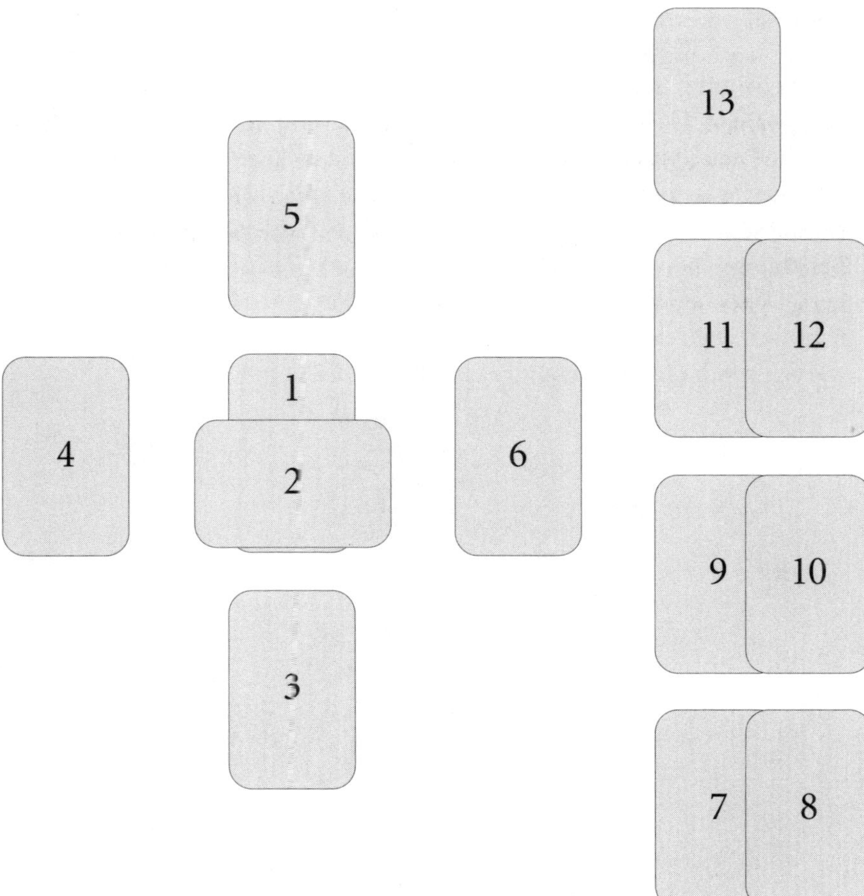

Kartenpositionen

Karte 1:	Innerlich
Karte 2:	Äusserlich
Karte 3:	Vergangenheit
Karte 4:	Kürzliche Vergangenheit
Karte 5:	Allgemeine Tendenz
Karte 6:	nähere Zukunft
Karte 7-8:	Energie
Karte 9-10:	Beziehung zu den anderen
Karte 11-12:	Zukunftserwartung
Karte 13:	Resultat

Die Bedeutung der Kartenpositionen bleibt dieselbe, welche Methode Sie auch wählen. Es werden nur zusätzliche Karten für den Partner zugefügt: Welche Energie steckt er/sie hinein (8), wie geht er/sie mit dem anderen um (10), und was erwartet er oder sie von der Zukunft (12).

Die Kartenlegung wird für das Verhältnis an sich gelegt. Nur die Energie-, Beziehungs- und Erwartungskarten werden pro Partner separat interpretiert. Diese Legung gibt Einsicht in den Verlauf einer Beziehung. Es wird nähmlich auch deutlich, was jeder Partner in das Verhältnis investiert und wie er/sie sich die gemeinsame Zukunft vorstellt.

Der Kalender

Methode mit dreizehn Karten

Dies ist eine einfache Methode, um eine allgemeine Monatsübersicht für ein ganzes Jahr zu bekommen. Auf Grund dieser Möglichkeit können Sie diese Methode sehr gut in ein Silvesterritual einbauen. Sie legen eine Karte zuoberst. Darunter legen Sie zwölf Karten in einer Reihe. Karte 1 zeigt die *allgemeine Tendenz des ganzen Jahres* an, die Karten 2 bis 13 die *spezifische Tendenz pro Monat,* also Karte 2 ist der *Januar,* Karte 3 der *Februar,* Karte 4 der *März* usw.

Beispiel

Frage: Wie wird das neue Jahr für mich verlaufen?

Karten

1. (der *Klee*) – *Im Grossen und Ganzen* wird es ein Jahr werden, in dem Sie aus einem Tal herauskommen werden, positiv.
2. (die *Sense*), *Januar* – Angst, Gefahr, vielleicht ein zeitlicher Bruch.
3. (der *Sarg*), *Februar* – Loslassen und Depression.
4. (der *Hund*), *März* – Eine gute Freundschaft erfreut Sie.
5. (der *Mond*), *April* – Wechselhaft und emotional, ein Arbeitsmonat.
6. (die *Sonne*), *Mai* – Fröhlichkeit und Optimismus, Erfolg.
7. (die *Rute*), *Juni* – Aktiv, Meinungsverschiedenheit, Energie.
8. (der *Storch*), *Juli* – Veränderung, Verlegung, veränderlich.
9. (das *Schiff*), *August* – Reisen und/oder es gibt Geld.
10. (das *Kreuz*), *September* – Es wird ernst, wahrscheinlich Gegenwind, Misserfolg.
11. (die *Blumen*), *Oktober* – Ruhe und Zufriedenheit, vielleicht ein Geschenk.

Karte 12 (das *Herz*), *November* – Liebe und Lebensfreude.

13. (der *Garten*), *Dezember* – Geselliger, unterhaltsamer Monat mit guten sozialen Kontakten.

Der Stern

Methode mit 27 Karten

Diese Methode ist eigentlich eine erweiterte Variante der Legung mit drei Karten: Vergangenheit, Gegenwart und Zukunft. Wenn Sie erfahrener mit dieser Legung werden, können Sie viel daraus ablesen.

Legen Sie die Karten in eine Sternform. Sie fangen in der Mitte an und ende auch dort. Folgen Sie den Nummern des Vorbildes. Ab Karte 19 legen Sie die Karten schräg über die jeweils zwei anderen. Also Karte 19 kommt schräg über Karte 6 und 14, Karte 20 legen Sie über 2 und 10, Karte 21 über 8 und 16 und so weiter. Die letzte Karte, Position 27, kommt in die Mitte über die 1. und 18. Karte.

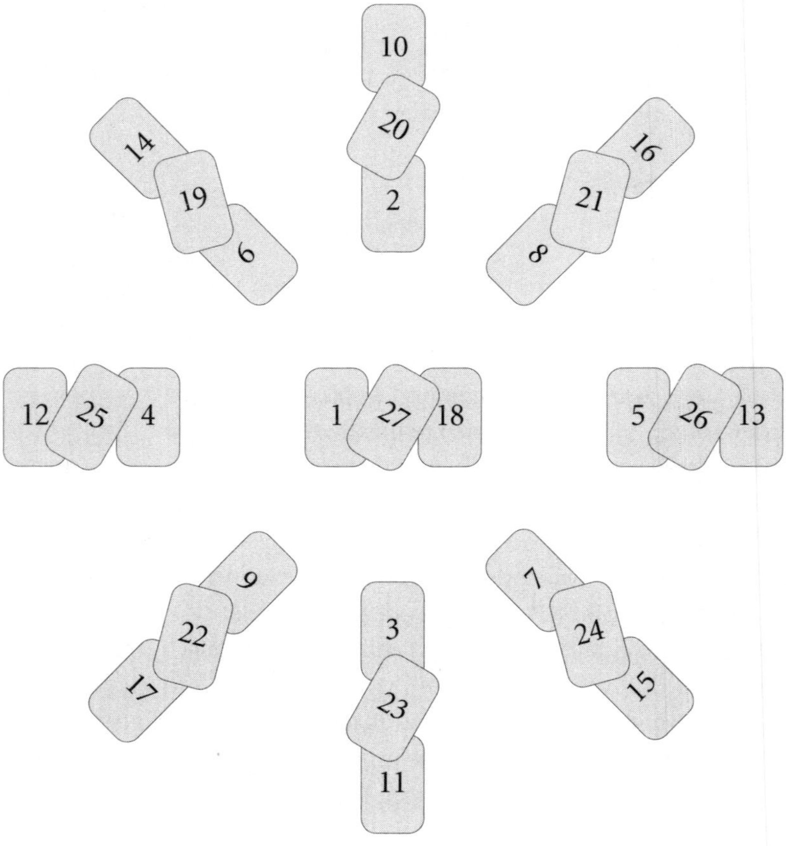

Kartenpositionen
Die *obere* Reihe zeigt den Verlauf in der Zukunft an.
Die *mittlere* Reihe zeigt den Verlauf der Gegenwart.
Die *unterste* Reihe zeigt den Verlauf in der Vergangenheit.

Die drei jeweils beieinander liegenden Karten, wie z.B. 2, 10 und 20, bilden eine Dreiergruppe. Die mittlere, schräg darüber liegende Karte, gibt die Hauptinformationen, die zwei anderen Karten erweitern diese um Details.
Lesen Sie jede Reihe von links nach rechts.

Beispiel
(Der Deutlichkeit halber werden die Kartenpositionen mit „KP" umschrieben)

Oberste Reihe – die Zukunft

KP 14: die *Rute*	KP 10: der *Berg*	KP 16: die *Sonne*
KP 19: der *Reiter*	KP 20: die *Vögel*	KP 21: der *Schlüssel*
KP 6: das *Schiff*	KP 2: der *Sarg*	KP 8: der *Herr*

Mittlere Reihe – die Gegenwart

KP 12: der *Turm*	KP 1: das *Buch*	KP 5: der *Fuchs*
KP 25: der *Storch*	KP 27: der *Mond*	KP26: die *Wolken*
KP 4: der *Bär*	KP 18: der *Weg*	KP 13: die *Sense*

Unterste Reihe – die Vergangenheit

KP 9: der *Garten*	KP 3: die *Blumen*	KP 7: das *Haus*
KP 22: der *Baum*	KP 23: der *Klee*	KP 24: der *Stern*
KP 17: die *Schlange*	KP 11: die *Lilie*	KP 15: das *Kind*

Schlussfolgerung
Zuerst sehen wir uns die Vergangenheit an. Diese fängt mit KP 22, der *Baum,* KP 9, der *Garten* und KP 17, die *Schlange* an. Diese Kombination erzählt uns, dass in der Vergangenheit eine Krankheit durchgemacht worden ist. Die *Schlange* und der *Garten* weisen auf etwas Ansteckendes wie z.B. bei einer Grippe-Epidemie hin.

Sehen Sie sich danach die nächsten Karten der Vergangenheit an. KP 23, der *Klee*, KP 3, die *Blumen* und KP 11, die *Lilie*. KP 23 zeigt, dass sich die Krankheit gebessert hat, die *Blumen*, dass sich die nötige Ruhe genommen wurde und die *Lilie* fügt hinzu, dass väterlicher Schutz zur Genesung beigetragen hat.

Und so arbeiten Sie weiter, bis Sie die Vergangenheit, die Gegenwart und die Zukunft gelesen haben.

Achten Sie darauf, ob die *Lilie* – so wie hier beschrieben – unten in der Legung liegt. Dann könnte der Lebenswandel der betreffenden Person unehrlich sein. In dem Falle sehen Sie sich die darüber liegenden Karten an. Hier sind es die KP 1, das *Buch*, KP 18, der *Weg* und KP 27, der *Mond*.

Der *Mond* richtet das Augenmerk auf die Arbeit. Die beiden Zusatzkarten erzählen von einem Geheimnis und der Wahlmöglichkeit. Jetzt stellt sich die Frage, ob jemand auf der Arbeit geheime Pläne hegt um die Arbeit zu wechselen? Wenn dieses zentral liegt und durch die *Lilie* Nachdruck erhält, müsste dies doch ziemlich schwerwiegend sein. Die Folgen müssten wir in der Zukunft sehen können, sicher in der direkt darüber liegenden Dreierkombination, dem *Berg*, den *Vögeln* und dem *Sarg*. Darin lesen wir ein heftiges, doch kurzes Leid.
Die letzten drei Karten, die *Sonne*, der *Schlüssel* und der *Herr* zeigen an, dass die Probleme auf eine sehr positive Art durch den Fragesteller gelöst werden.

So lassen sich mit dieser Methode zwei Geschichten aus der Lage der Karten ablesen: eine gelesen von links nach rechts und eine von unten nach oben. Liegt die *Personenkarte* in der oberen Reihe, sind Sie viel mit der Zukunft beschäftigt. In der mittleren Reihe sind Sie im „hier und jetzt“. Liegt die *Personenkarte* in der untersten Reihe, beschäftigt Sie die Vergangenheit noch sehr.

Die Wahl

Methode mit 15 Karten
Diese Methode eignet sich sehr zur Lösung von Problemen. Legen Sie diesmal die Karten nicht sternförmig, sondern einfach in Reihen.

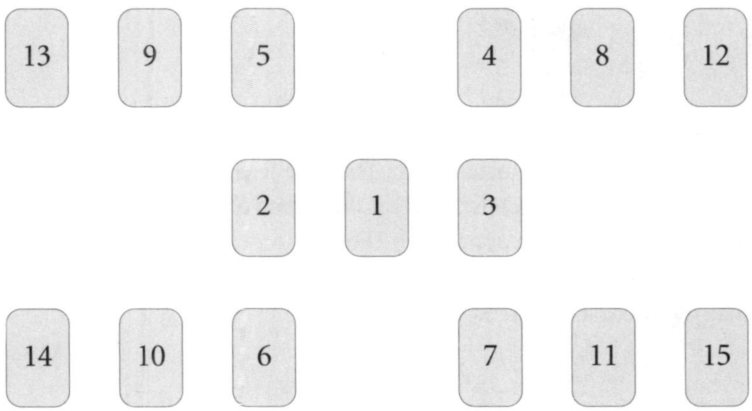

Kartenpositionen
Karte 1 gibt Auskunft über den Fragesteller und/oder die Situation.
Die *Karten 2 und 3* erweitern die Auskunft von Karte 1.
Die *Karten 4, 8* und *12* zeigen die „sichere" Zukunft an, die den Fragesteller erwartet, wenn er/sie so wie bisher weitermacht.
Die *Karten 5, 9* und *13* geben uns Auskunft über die mögliche Zukunft, wenn wir anders als bisher handeln würden.
Die *Karten 6, 10* und *14* geben uns Rat. Sie zeigen uns, wie wir unsere Situation positiv beeinflussen können.
Die *Karten 7, 11* und *15* weisen darauf hin, was wir von der Umwelt zu erwarten haben.

Bei dieser Methode hat die *Lilie*, die unter der *Personenkarte* liegt, nicht die Bedeutung, dass etwas unehrlich oder unmoralisch ist. Wenn wir uns die Situation (1, 2, 3) angesehen haben, wenden wir uns der sicheren Zukunft zu und vergleichen diese mit der *möglichen Zukunft.* Sieht die mögliche Zukunft positiver aus als die sichere Zukunft, müssen wir uns die *Ratschlagkarten* (6, 10, 14) gut ansehen, um zu wissen, wie wir diese erreichen können.

Beispiel

Position 1

Position 2 oder 3

Nehmen wir einmal an, Karte 1 ist die *Rute,* vielleicht sogar begleitet von den *Fischen* als Karte 2 oder 3. Allein schon diese zwei Karten sagen uns, dass der Fragesteller eine ziemlich dynamische Person ist, sehr unternehmungslustig, vielleicht sogar grob und aggressiv. Die sichere Zukunft sieht problematisch aus, die mögliche Zukunft ist aber positiv.

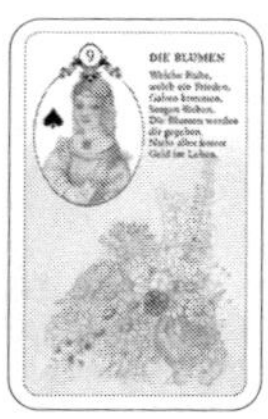

Position 14

Position 10

Position 6

Bei Position 6, 10 und 14 sehen wir die Karten die *Blumen,* der *Storch* und das *Herz* liegen.

Schlussfolgerung
Der stürmische Eifer dieser Person wird sie in Schwierigkeiten bringen. Ratschlag: Wenn sie sich aber ruhig, flexibel, sozial und freundlich gibt und zudem lernt auch einmal Dinge auf sich zukommen zu lassen, ohne einzugreifen, kann sie diesen Schwierigkeiten ausweichen.

Ein anderes Beispiel

Position 7

Position 11

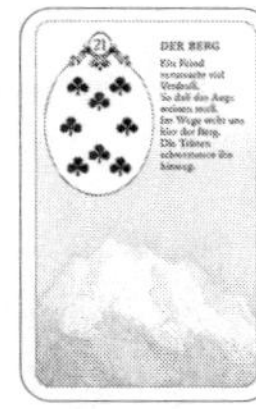

Position 15

Nehmen wir einmal an, die Karten die *Fische,* die *Rute* und der *Berg* liegen auf Position 7, 11 und 15 das zeigt das an, was wir von der *Außenwelt* erwarten können. Der Fragesteller/die Sache, also Position 1, 2, 3 wird wiedergegeben durch die Karten *Blumen, Anker, Herz,* also ganz „liebe" Karten.

Position 1

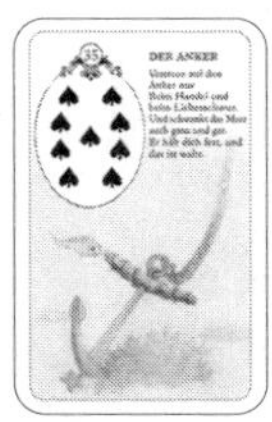

Position 2

Position 3

In diesem Fall sehen wir eine sanfte Person, die es mit einem aggresiven Mann (Umwelt) zu tun bekommt. Die sichere Zukunft sieht problematisch aus und die mögliche Zukunft positiv.

Position 14

Position 10

Position 6

Als Ratschlag sehen wir die Karten die *Sonne*, den *Sarg* und das *Buch*. In dem Falle lautet der Rat, sich selbstsicherer zu geben und die persönliche Kraft zu zeigen. Das *Buch* rät zudem, nicht allzu offenherzig mit diesem Mann umzugehen. Etwas Zurückhaltung in Sachen Informationsaustausch wäre sehr vernünftig.

Bekommen Sie eine Legung mit einer positiven sicheren Zukunft und einer negativen möglichen Zukunft, dann können Sie natürlich so wie gewohnt weitermachen.

Die Große Legung

Methode mit allen 36 Karten
Mit dieser Methode erhalten Sie eine allgemeine Übersicht.
Sie legen vier Reihen von links nach rechts mit jeweils acht Karten. Die übriggebliebenen vier Karten legen Sie in der Mitte unten als fünfte Reihe an.

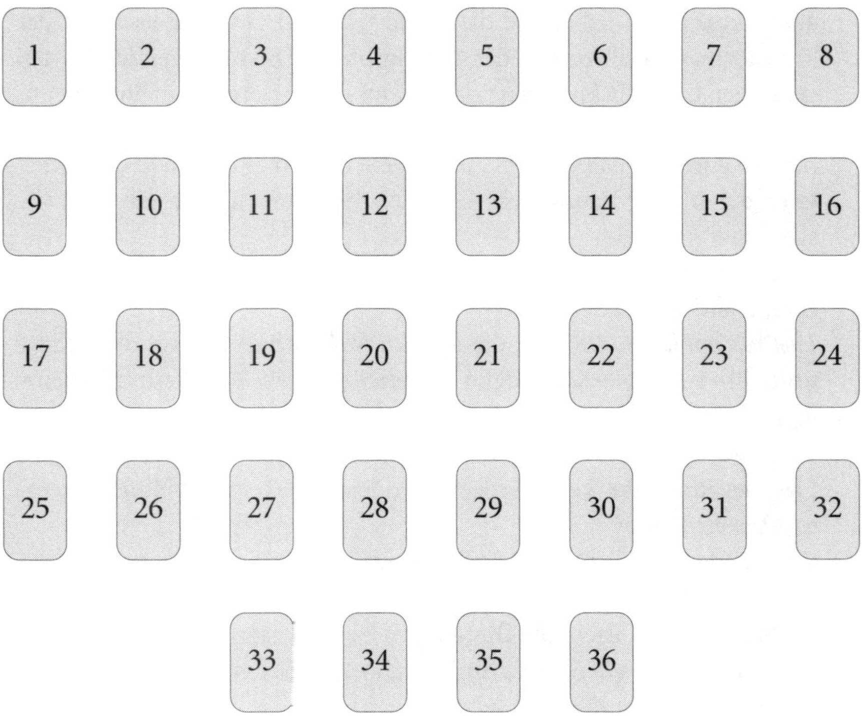

- Zuallererst suchen Sie Ihre *Personenkarte* (die *Dame,* beziehungsweise den *Herrn*). Befindet diese sich in den oberen, mittleren oder unteren Regionen? Das gibt Ihnen Ihren derzeitigen Standpunkt an. Dann sehen Sie sich die Karten an, die *direkt um Ihre Personenkarte* liegen. Diese haben den größten Einfluss auf Ihr Leben. Den Bereich, den die Karte symbolisiert, die sich *unter Ihrer Personenkarte* befindet, haben Sie ziemlich gut im Griff, treten ihn vielleicht sogar mit Füßen.

- Welche Karten liegen neben der *Personenkarte* oder stehen uns zur Seite und *in welche Richtung gucken wir?* Was *über* uns liegt, könnte sich ausserhalb unserer Kontrolle befinden.
- Wo liegt der *Sarg*? Nehmen wir einmal an, Sie befinden sich in einer Krise, der *Sarg* liegt aber unterhalb Ihrer *Personenkarte*, dann haben Sie den Veränderungsprozess einigermaßen unter Kontrolle. Vielleicht befinden Sie sich schon an dessen Ende und Ihnen ist bereits einiges deutlich geworden. Dies ist aber nicht der Fall, wenn der *Sarg* über Ihrer *Personenkarte* liegt. Dann haben Sie die Sache nicht im Griff, vielleicht ist der Transformationsprozess in der Anfangsphase. Die umliegenden Karten geben genauere Auskunft über den Ablauf – zum Beispiel scheint die *Sonne* mit ihrem Licht in das Dunkel und erhellt und klärt die Situation. Sehen Sie aber den *Mond* beim *Sarg* liegen, kann dies das Ende der Arbeit oder die Intensivierung von Gefühlen bedeuten. Hüten Sie sich vor schwarzer Magie.
- Sie können auch untersuchen, welche anderen *Personen (Karten)* sich in Ihrer Nähe befinden.
- *Last but not least* sollten Sie die *Lilie* im Auge behalten. Liegt diese Karte unter Ihrer *Personenkarte*, dann führen Sie ein zweifelhaftes und unehrliches Leben. Liegt die *Lilie* aber unter anderen Karten, dann spielt diese Unehrlichkeit eine Rolle bei dem Thema, das diese Karten anzeigen.
- Liegt der *Ring* links (keine Beziehung) oder rechts (ein Verhältnis) von Ihrer *Personenkarte?*
- Wo liegt der (mögliche) *Partner*? Ist dieser noch weit entfernt und liegt der *Ring* links, dann wird die Romantik noch ein Weilchen warten müssen.
- Suchen Sie die Karten, die Ihre Fragen beantworten. Über Fragen zum Bereich Beruf gibt der *Mond* Auskunft. Liegt dieser weit weg, ist das Thema vorläufig nicht relevant.
- In Finanzfragen schauen Sie nach dem *Schiff* und den *Fischen*. Die *Fische* geben auch Informationen über Reisen und das Ausland.
- Erwarten Sie schrifliche oder mündliche Nachrichten, sehen Sie sich den *Brief* beziehungsweise den *Reiter* an.
- Für Fragen auf der sozialen Ebene suchen Sie die Karten der *Hund* und der *Garten*.
- In Gesundheitsfragen suchen Sie die Information beim *Baum*. Liegt dieser aber weit entfernt von Ihrer *Personenkarte*, brauchen Sie sich im Prinzip keine Sorgen zu machen.

- Die Karte vom *Schlüssel* ist ein guter Ratgeber. Sehen Sie sich die ihn umgebenden Karten an.

Es ist wichtig verbindend zu denken und die Karten auch entsprechend ihrer *Position* zu beurteilen (weit weg, in der Nähe, oben oder unten) *in Kombination* mit den umliegenden Karten. Es ist sehr aufschlussreich, die notierten Legungen nach einer Weile noch einmal durchzulesen. Gerade dadurch lernen Sie, Zusammenhänge zu sehen und Sie entdecken zudem Ihre eigenen Kartenkombinationen.

Möglichkeiten, die sich aus der Großen Legung ergeben

Es kann vorkommen, dass Sie sich wegen der Übersicht für diese Legemethode entscheiden, aber dass die Komplexität Ihrer Frage die Interpretation unmöglich macht. Zum Beispiel wünschen Sie sich einen Überblick über Ihren Betrieb, der verschiedene Abteilungen hat, zu erhalten. Oder Sie suchen eine neue Schule für Ihr Kind und es stehen gleich fünf zur Wahl. Sie suchen eine andere Arbeit und haben gleich drei verlockende Angebote bekommen, für Arbeit oder Ausbildung haben wir aber nur eine Karte! Dann sieht es aus, als ob die Große Legung für derartige Fragen ungeeignet ist. Aber das täuscht. Das Problem können wir folgendermaßen lösen.

Beispiel

Es handelt sich um einen Betrieb mit sechs Abteilungen.
Sie nehmen aus dem Kartenspiel die *Dame* und den *Herrn* heraus. Dann mischen und stapeln Sie die Karten wie gewohnt. Schreiben Sie die sechs Abteilungen untereinander auf einem Blatt Papier auf. Jetzt legen Sie pro Abteilung eine Karte ab. In unserem Beispiel sieht das so aus:

Position 1. - Direktion:	Karte 31. die *Sonne*
Position 2. - Buchhaltung:	Karte 23. die *Mäuse*
Position 3. - Distribution:	Karte 8. der *Sarg*
Position 4. - Produktion A:	Karte 34. die *Fische*
Position 5. - Produktion B:	Karte 36. das *Kreuz*
Position 6. - Einkauf:	Karte 9. die *Blumen*

Diese Karten sagen bereits einiges über das Wirken der einzelnen Abteilungen aus.

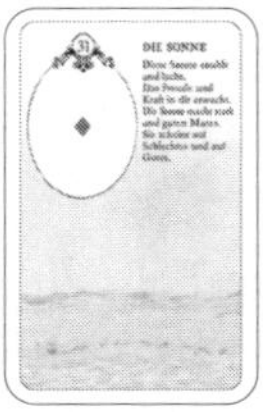

- Die *Direktion* ist sehr selbstbewusst. Es ist anzunehmen, dass sie genügend Einblick in den Ablauf des Betriebes hat. Das müssen aber die umliegenden Karten bei der Grossen Legung bestätigen.

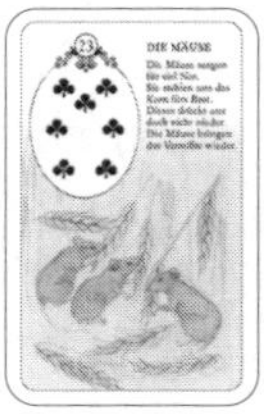

- Mit der *Buchhaltung* gibt es Probleme. Der Mangel könnte sowohl beim Personal als auch in der Ausstattung begründet sein. Es kann auch sein, dass dort gestohlen wird. Das sehen wir hoffentlich später in der Grossen Legung.

- Die *Distribution* wird neu organisiert, darum der *Sarg*. Über den Verlauf dieser Reorganisation wird die Große Legung uns Auskunft geben.

- Es läuft gut mit der *Produktion A*. Da mehr produziert wird, muss auch die Distribution reorganisert werden.

- *Produktion B* produziert weniger. Wir wissen aber nicht, wie lange diese Phase dauern wird.

- Die Abteilung *Einkauf* ist einigermassen passiv bzw. funktioniert der Ablauf zu voller Zufriedenheit. Genaueres wird sich in der Grossen Legung zeigen.

Notieren Sie diese Informationen und fügen Sie alle Karten wieder zusammen, auch die *Personenkarten.* Sie fangen erneut an zu mischen und zu stapeln. Danach verteilen Sie die Karten zur Großen Legung. Jetzt wissen Sie, wo Sie die verschiedenen Abteilungen suchen müssen.

So könnten Sie z.B. sehen, dass die *Sonne* der Direktion eigentlich bloss eitel, stolz und ehrgeizig ist. Die „sonnige" Energie wird für den eigenen Glanz gebraucht, anstatt sie in den reibungslosen Ablauf des Betriebes zu investieren. Das könnte der Fall sein, wenn die *Sonne* in den oberen Regionen liegt – dazu weit entfernt vom Rest des Betriebes. Bei der Abteilung Einkauf liegt das *Kreuz.* Das könnte auf ein Erstarren hindeuten. Vielleicht ist man dort wenig dynamisch und kann sich nicht schnell genug an die grössere Produktion von Abteilung A anpassen, so dass zu wenig Material im Lager ist.

Wenn Sie ein bisschen mit der Grundbedeutung der Karten spielen und überlegen, was die Karten andeuten können, wird deren Interpretation lebendiger. Karten zu legen und zu interpretieren ist nun einmal stark personengebunden. Wie könnte z.B. eine Rezession durch die Karten dargestellt werden? In jedem Fall wird das *Kreuz* dabei eine Rolle spielen. Wenn Sie bestimmen, dass die Kombination *Kreuz* und *Fische* eine Rezession dastellt, dann wird das für Sie so sein. Genausogut können Sie bestimmen, dass der *Hund* auf Ihr Lieblingspferd hinweist. Oder es kann sein, dass in Ihrer Erlebniswelt die Kombination der *Mond* und die *Sonne* weisse Magie vorstellt. Oder Sie sind in der Politik und für Sie bedeuten die Karten *Kreuz* und *Sonne* die Regierung und der *Garten* die Partei. Wenn das so ist, ausgezeichnet! Für Sie wird das gut funktionieren.

Im hinteren Teil des Buches finden Sie Platz zum Notieren Ihrer eigenen Kartenbedeutungen.

Die Horoskoplegung

Methode mit 36 Karten
Es arbeitet sich sehr angenehm mit dieser Methode, wenn man sich für eine große Anzahl von Lebensgebieten Deutlichkeit wünscht. Wir benutzen dazu den Horoskopzirkel aus der Astrologie. Dieser Horoskopzirkel ist in 12 Lebensbereiche (Häuser) unterteilt, die mit römischen Ziffern angegeben werden.

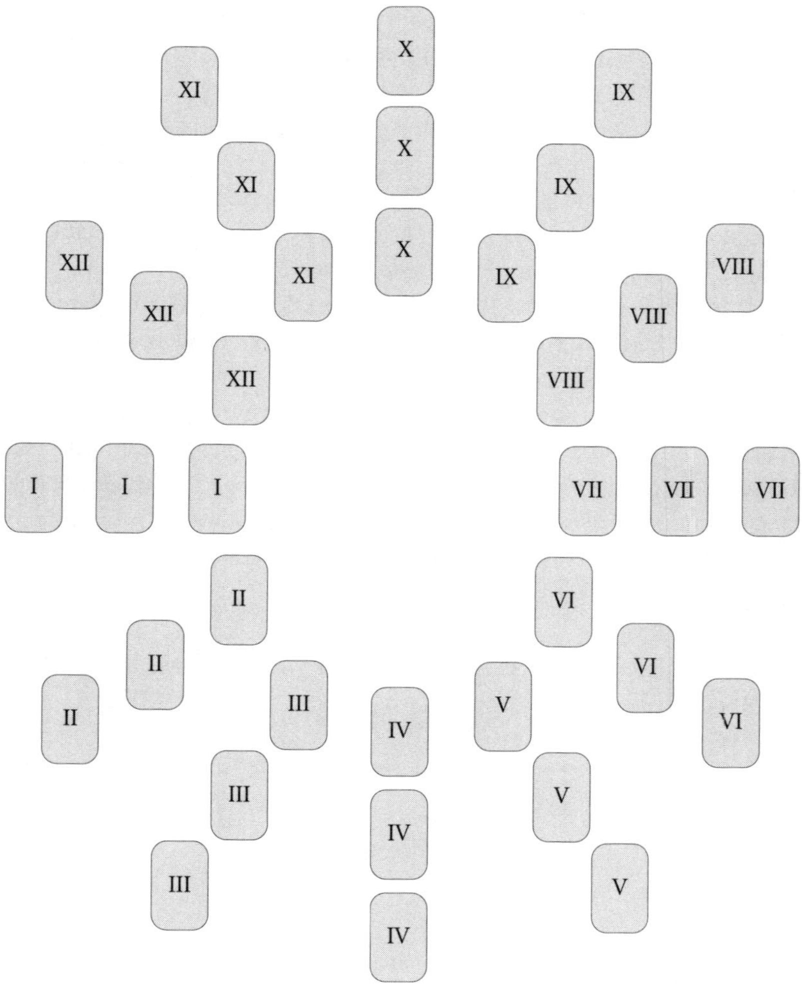

Legen Sie von innen nach aussen je eine Karte in jedes Haus. Fangen Sie mit dem Innenkreis bei Haus I an und legen Sie je eine Karte pro Haus bis Sie bei Haus XII angelangt sind.
Wiederholen Sie dies mit dem mittleren und danach dem äußeren Kreis, so dass schliesslich drei Karten in jedem Haus liegen. Diese drei Karten pro Haus bilden eine Einheit.

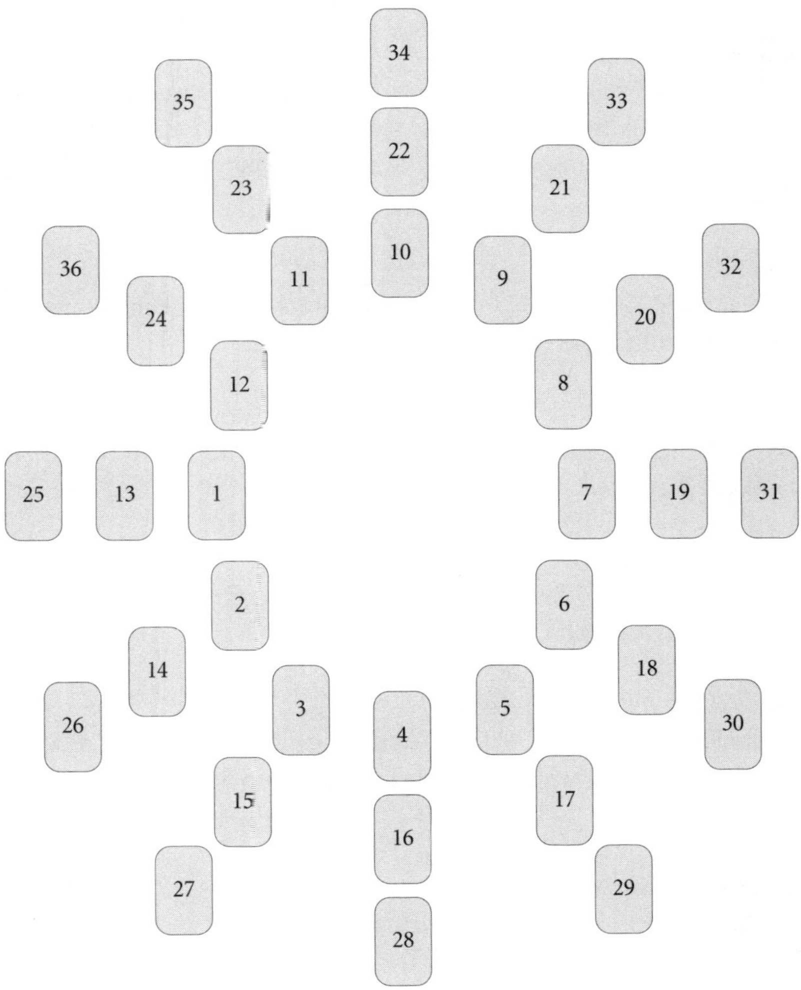

Bedeutung der Lebensbereiche

Haus I: Ich bin
Das Ich, der Körper, die Erscheinung, Aktionen, ein bestimmtes Maß an Selbstständigkeit.

Haus II: Ich besitze
Geistiger und materieller Besitz, Sicherheiten, eigener Wert, Gaben und Verdienste, Einkommen.

Haus III: Ich kommuniziere
Nachbarn, Geschwister, Volksschulen und dergleichen, kurze Inlandsreisen, Kommunikation in jeder Form, also auch das Telefon, Fax, Gespräche, Lesen und Schreiben, unser Denken, flüchtige Kontakte, unsere Wohnumgebung

Haus IV: Ich wohne
Das Haus und die häuslichen Umstände, Immobilien, die Familie, emotionale Geborgenheit, das Geburtsland, das Zuhause.

Haus V: Ich schöpfe
Selbstausdruck, Kunst, Rekreation und Spiel, unsere Kinder, Haustiere, romantische Liebesabenteuer, Spekulationen.

Haus VI: Ich diene
Die tägliche Routine, die Arbeit, das Personal, Dienstbarkeit und Dienstleistung, Gesundheit und Diät, unser Vieh.

Haus VII: Ich habe Beziehungen
Persöhnliche und geschäftliche Verhältnisse, die Ehe, was wir auf den Partner projizieren, der Partner, Beratung und Therapie, Rechtsfälle, Kontrakte, öffentliche Feinde.

Haus VIII: Ich transformiere
Tod und Wiedergeburt, Besitz des Anderen, Erbschaften, Steuer, Banksachen, Schwarzgeld, das Verborgene, Tabus, das persönliche Unbewusste, Sexualität.

Haus IX: Ich erweitere
Erweiterung des Horizonts durch grenzüberschreitende Reisen im Geist oder in der Realität, das Ausland, die Fremde, Gerichtsbarkeit und Rechtssprechung, Universitäten und höheres Studium, Publikationen, Lebensansichten, Philosophie, Religion.

Haus X: Ich erstrebe
Gesellschaftlicher Status, die Laufbahn, die Reputation, das gesellschaftliche Image, Honoratioren, Autoritäten, der Chef.

Haus XI: Ich verbrüdere mich
Der Freundeskreis, Gruppen Gleichgesinnter, auch politische Organisationen, Hoffnungen und Wünsche.

Haus XII: Ich transzendiere
Krankenhäuser und Gefängnisse, Unterminierung, Underdogs, geheime Feinde, das Immaterielle, übersinnliche Veranlagung und Erfahrungen, das Spirituelle und Mystische, das kollektive Unbewusste.

Interpretation der Horoskoplegung
Sie können die Karten auf zwei Arten lesen: als *Vergangenheit, Gegenwart* und *Zukunft* oder die mittlere Karte als *Hauptkarte* mit den anderen beiden als *Zusatzinformation.* Das haben wir schon bei der Dreierlegung gelernt.
Wir suchen das Haus, in dem unsere *Personenkarte* liegt. Dieses Lebensgebiet beschäftigt uns am stärksten. In welchem Haus liegt der *Schlüssel,* die Lösung? Welches Lebensgebiet ist problematisch? Wo kann ich Feindschaft und Trauer erwarten (der *Berg*)? Wo findet eine Veränderung statt (*Storch* und *Sarg*)?
Wenn Sie wissen möchten, wie sich Ihre Kinder entwickeln werden, dann sehen Sie nach Haus V und den *Personenkarten Ihrer Kinder oder dem Kind. Arbeit* und *Gesundheit* finden wir in Haus VI. Unsere *Laufbahn* können wir aus Haus X ersehen.
Wer auf ein *Liebesabenteuer* aus ist, besieht sich Haus V und das Haus, worin das *Herz* liegt.
Wer ein Verhältnis möchte, sieht sich Haus VII an. Der *Brief* in Haus VII könnte einen *Kontrakt* anzeigen. Genausogut können Sie aber einen Brief von Ihrem Partner empfangen.

Die *Rute* in Haus IV kann auf *häuslichen Streit* hinweisen, aber auch auf große *häusliche Aktivität.*

Es sind mehrere Interpretationen der Karten möglich. So kann das *Kreuz* in Haus IV auf ein *zu kleines Haus* hinweisen, aber es kann genauso *familiäre Verpflichtungen* anzeigen. Oder Sie werden von Ihrer Familie kritisiert. Liegen beim *Kreuz* das *Herz* und das *Schiff,* dann kaufen Sie vielleicht etwas Schönes und Dauerhaftes für Ihre Wohnung. Oft ist es kein „oder/oder" sondern ein „und/auch". Sind Sie mit dieser Methode vertraut geworden, können Sie die Bedeutung der Karten erweitern. Das geht folgendermassen:

Die Freunde Ihres Kindes
sind das elfte Haus von Haus V = Haus III.

Die Enkel
sind das fünfte Haus von Haus V = Haus IX.

Der Partner von Ihrem Chef
ist das siebente Haus von Haus X = Haus IV.

Der Schwager oder die Schwägerin
sind das siebente Haus von Haus III = Haus IX.

Die Lebensphilosophie/Religion Ihres Partners
ist das neunte Haus von Haus VII = Haus III.

Die tägliche Arbeit Ihres Chefs
ist das sechste Haus von Haus X = Haus III.

Die Lebensphilosophie/Religion Ihrer Freunde
ist das neunte Haus von Haus XI = Haus VII.

Der Besitz Ihres Partners
ist das zweite Haus von Haus VII = Haus VIII.

Wenn Sie dieses System begriffen haben, können Sie es selbst nach Belieben ausweiten. Auf diese Art und Weise können Sie auf jede Frage eine Antwort in einer Legung finden.

Das Septet

Methode mit einer variablen Anzahl von Karten

Dies ist eine traditionelle Methode, die früher sehr populär gewesen ist. Meine Grossmutter gebrauchte diese Methode gern. Sie wird folgendermaßen angewendet: Nach dem Mischen und Stapeln der Karten breiten Sie sie in einer langen Reihe vor sich aus und legen sie mit der Abbildung nach unten. Sie oder derjenige, für den Sie die Karten legen, nimmt willkürlich sieben Karten auf. Diese werden auf den Tisch gelegt. Sie bleiben aber mit der Abbildung nach unten liegen. Die achte Karte legen Sie links unten an die Seite der anderen Karten. Sie symbolisiert den Fragesteller.

Nun wählen Sie– beziehungsweise der andere – eine von den sieben gelegten Karten aus. Sie fügen noch drei Karten aus dem Kartenstapel zu dieser Karte hinzu. Dies wiederholen sie, bis in jeder Reihe dieselbe Anzahl Karten liegt. Wieviele Karten Sie pro Reihe hinlegen, können Sie selbst bestimmen. Es können aber nicht mehr als fünf Karten sein.

Kartenposition

Reihe 1:	Ihr Kreuz
Reihe 2:	Ihr Haus
Reihe 3:	Woran Sie nicht denken.
Reihe 4:	Was Sie nicht achten.
Reihe 5:	Ihr Geld
Reihe 6:	Was die Zukunft bringt.
Reihe 7:	Was Sie nicht erwarten.

Schlussfolgerung

Nehmen wir einmal an, Sie sehen positive Karten bei der Position 1 = „Ihr Kreuz“, zum Beispiel das *Herz*, den *Ring* und/oder den *Anker*. Das kann bedeuten, dass Ihr Kreuz sehr leicht zu tragen ist.

Es kann aber auch darauf hinweisen, dass ihr Kreuz auf der Liebesebene zu finden ist. Die Position 1 = „Ihr Kreuz“ bedeutet nicht, dass Sie ein Leid tragen müssen, es kann sich schlicht und einfach um einen Lernprozess handeln.

Diese simpele und alte Legemethode bedarf eigentlich keiner weiteren Erklärung. Zu ihr existiert auch ein anderer Text.

Quintet, Variante mit fünf Reihen

Kartenposition

Reihe 1:	Was mich deckt.
Reihe 2:	Was mich schreckt.
Reihe 3:	Was mir zur Seite steht.
Reihe 4:	Was mir nicht entgeht.
Reihe 5:	Für mein Haus

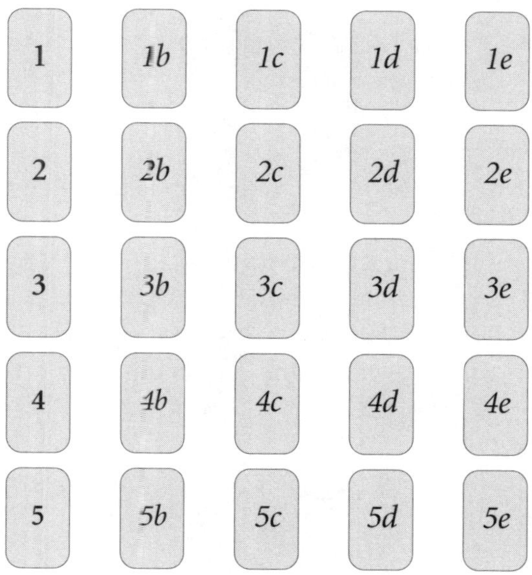

Mit diesen beiden älteren Legemethoden schließen wir das Kapitel *Legemethoden* ab.

Das können heiter werden...
Kleiner Hiawatha

Kartenlegen für andere

Sobald Sie anfangen werden, sich mit dem Kartenlegen zu beschäftigen, wird es nicht lange dauern, bis Sie es auch einmal für die Familie und Freunde ausprobieren. Bevor Sie sich versehen, legen Sie die Karten schon für Freunde von Freunden und so weiter. Es ist dann wichtig, so einiges über das Kartenlegen für andere zu wissen.

Dabei kann es leicht passieren, dass man sich in der Kunst, die Karten legen und deuten zu können, überschätzt. Es ist daher wichtig, eine Legung und deren Interpretation zu notieren, so dass man hinterher nachlesen kann, inwiefern die Deutung auch zustimmte. Auch wenn Sie für eine andere Person die Karten legen, geben Sie dem Fragesteller Papier und Stift zum Mitschreiben. Noch präziser ist es, die Sitzung auf Tonband aufzunehmen, weil wir oft nur das hören, was wir hören wollen.

Es kann eine heikle Unternehmung sein, die Karten für unsere Lieben zu legen. Wegen der persönlichen Verbundenheit sind wir meistens voreingenommen. Unbewusst sehen wir unsere eigenen Vorurteile durch die Karten bestätigt.

Vergessen Sie bitte auch nicht, dass andere Personen die Worte einer Kartenlegerin sehr hoch einschätzen. Einige Personen werden sogar ihre Zukunft in Ihre Hände legen. Bedenken Sie dann aber, dass Sie zwar für Ihre Wortwahl verantwortlich sind, aber nicht für die Zukunft eines anderen.

Sehr wichtig ist Verschwiegenheit! Wer Sie konsultiert, muss Ihnen vollkommen vertrauen können. Sie dürfen niemals einem Dritten etwas von dem Gespräch erzählen. Was man Ihnen im Vertrauen mitgeteilt hat, sollte bei Ihnen sicher aufgehoben sein.

Es wird oft vorkommen, dass der Fragesteller – ich werde ihn/sie hier einfachheitshalber *Kunde* nennen – die Karten gelegt haben möchte, weil sein/ihr Leben im Augenblick auf dem Kopf steht. Der Kunde ist dann wahrscheinlich nervös und besorgt. Darum ist es wichtig, eine freundliche und ruhige Atmosphäre zu schaffen.

Was die Karten auch sagen, wir sollten den Kunden nicht unnötig beunruhigen, sondern ihm/ihr Mut machen. Einiges Einfühlungsvermögen ist nötig. Haben Sie einmal darüber nachgedacht, wie Sie auf sinn- und taktvolle Weise eine schlechte Nachricht übermitteln, so dass der Kunde nicht gleich in Sack und Asche geht? Es ist eine große Hilfe, wenn wir uns die Chancen vor Augen halten, die eine Krise zu bieten hat. Die alten chinesischen Taoisten sagten schon *„Je grösser die Vorderseite, desto grösser die Hinterseite":* alles hat zwei Seiten.

Missbrauchen Sie die Karten nicht, um eine andere Person zu verurteilen. Jeder Mensch hat das Recht, so zu sein, wie er ist. Lassen Sie den Kunden nicht mit einem schlechten Selbstgefühl nach Hause gehen.

Rechnen Sie auch damit, dass es passieren kann, dass ein Kunde von Ihnen Hilfe bei einer wichtigen Entscheidung haben möchte, die er selbst treffen müsste. Dann liegt die Verantwortung plötzlich bei Ihnen. Sie lesen jedoch nur in den Karten und geben darüber Auskunft, welche eventuellen Konsequenzen sich aus den jeweiligen Entscheidungen ergeben könnten. Sie beraten nur, aber Sie entscheiden nicht.
Einige Kunden werden Ihnen blinden Glauben schenken. Wägen Sie darum Ihre Worte gut ab.

Kontrollieren Sie zwischendurch, ob der Kunde auch alles richtig verstanden hat. Auch wird ab und zu ein einzelner Kunde Dinge, die Sie in den Karten sehen, ablehnen. Das heisst aber nicht immer, dass Sie sich getäuscht haben müssen. Einige Leute wollen zwar Näheres über ihre Zukunft erfahren, möchten aber nichts Privates über sich preisgeben.

Es werden manchmal Fragen nach dem Tod gestellt. Ich kann Ihnen versichern, dass die Karten oder die Astrologie keinen Unterschied machen, zwischen einem physischen Sterben oder einer psychischen Transformationsperiode. In den meisten Fällen werden Sie das baldige Ende einer Person nicht in den Karten sehen können. Und eigentlich ist es gut so. Wenn Sie aber ganz sicher sind, dass Sie den nahenden Tod eines Kunden sehen, könnten Sie ihm zum Beispiel den Rat geben, bewusster zu leben und soviel wie möglich zu regeln.

Es ist nicht immer anzuraten, alles zu sagen, was Sie in den Karten sehen. Ist jemand zum Beispiel ängstlich und pessimistisch veranlagt, kann die Vorhersage einer sehr langen Pechsträhne diese schwere Zeit für den Kunden verlängern und verschlimmern. Vielleicht finden Sie einen Lichtblick, so dass Sie doch etwas Positives erzählen können. (Siehe auch die Kapitel *Der freie Wille* und *Kann man Unglück abwenden?*)

Wenn ein Paar wegen einer Eheberatung zu Ihnen kommt, werden Sie bemerken, dass es nicht so einfach ist, mit beiden Partnern gleichzeitig zu arbeiten. Zusammen sind Sie verschlossener und die Atmosphäre ist oft sehr angespannt. Manchmal benutzt einer der Partner das, was Sie über den anderen sagen, als bewiesene Beschuldigung gegen den Partner und dergleichen.

Deshalb ist es eine gute Regel für Kartenleger, ein Paar nicht gemeinsam zu einer Legung kommen zu lassen. Sie beraten erst den einen, danach den anderen Partner. Wünschen beide danach noch eine gemeinschaftliche Beratung, haben Sie das Wichtigste schon gesagt.

Den Willigen führt das Geschick, den Störrischen schleift es mit.
Kleanthes (3. Jh. v. C.)

Der freie Wille

Viele, die anfangen sich mit der Kartomantie, der Astrologie und ähnlichen Techniken zu beschäftigen, fragen sich, welchen Einfluss unser freier Wille auf den Verlauf unseres Lebensweges hat, wenn unser Los doch scheinbar feststeht.

Über Hercules wird in diesem Zusammenhang folgendes erzählt: Hercules stand vor einer wichtigen Entscheidung. Er hatte die Wahl, ein oberflächliches und alltägliches Leben voller Genuss zu führen oder aber sich für eine harte Existenz zu entscheiden, voller Pflichten, erbrachten Leistungen und Ruhm. Wir wissen, für welches Leben er sich entschieden hat, sonst hätten wir ja nicht von ihm gehört!

Diese kleine Geschichte erzählt von der Wahl des Lebensweges. Wir können nicht zwei Wege zugleich einschlagen. Und jeder Weg führt zu unterschiedlichen Konsequenzen..

Unser Lebensweg führt uns an Kreuzungen. Es gibt also verschiedene potentielle Zukunftsmöglichkeiten. Das hängt von unserer Entscheidung ab. Und diese resultiert aus unseren Gedanken und Erfahrungen. Leben wir ein unbewusstes Leben, werden wir jedesmal dieselbe Entscheidung treffen. Unser Leben ist dann ziemlich vorhersagbar.

Der freie Wille hat also etwas mit dem Fällen von Entscheidungen zu tun. Jede Wahl beinhaltet Konsequenzen und Möglichkeiten. Meine Erfahrung ist, dass eine Anzahl von Hauptpunkten in unserem Leben festliegt, aber nicht alle. Es kann z.B. vorherbestimmt sein, dass wir zwei Beziehungen mit zwei bestimmten Partnern eingehen und beenden müssen. Eventuell werden wir aber auch einen dritten Partner haben. Der Weg unseres Loses ist nicht bis zum Detail ausgearbeitet.

Es gibt noch einen weiteren Aspekt des freien Willens. Um diesen zu verdeutlichen, möchte ich Ihnen ein Bild beschreiben: Stellen Sie sich das Universum als eine gigantische Zahnradmaschine vor. Es gibt große Zahnräder, kleinere und ganz kleine. Alle müssen sich in dieselbe Richtung drehen, da alle Räder ineinander greifen. Das allergrößte Zahnrad hat die Macht und die Kraft, die allgemeine Richtung zu bestimmen. Nehmen wir einmal an, Sie und ich sind zwei ganz kleine Zahnrädchen. Woraus besteht dann unser freier Wille? Wir können uns aussuchen, ob wir mitdrehen wollen oder (vergeblich) versuchen uns zu widersetzen.

Kann man Unglück abwenden?

Stellt sich die Frage, ob wir es vermögen, Unglück oder Missgeschick abzuwenden. Früher versuchte man mit den Göttern zu verhandeln: „Ich bringe Dir ein Opfer und als Gegenleistung wendest Du mein Unglück ab." Darum gab es bei den Römern auch das Sprichwort *do ut des* (Ich gebe, damit mir gegeben wird.). Man benutzte die Magie hauptsächlich zur Abwendung eines Missgeschicks. Heute klopfen wir noch auf Holz oder gehen nicht unter einer Leiter hindurch, damit wir kein Unglück herauf beschwören.
Nun ja, es ist manchmal wirklich möglich, ein Unglück abzuwenden, wenn wir z.B. die Warnung und den Rat der Karten annehmen und uns dementsprechend verhalten. Aber es gibt Dinge, die einfach passieren. Wenn wir uns dagegen sträuben, verlängert und verschlimmert das den Schmerz nur. Philosophisch betrachtet ist „Unglück" eine Frage des Standpunktes: *Was ist für wen und wann ein Unglück?*

Ein Beispiel: Eine Frau ist mit einem gewalttätigen Alkoholiker unglücklich verheiratet. Sie leidet sehr in dieser Ehe. Doch gibt sie die Hoffnung nicht auf, dass der Mann sich ändern wird, aus reiner Liebe zu ihr. Ist das ein Unglück? Nein, denn solange sie diese Situation akzeptiert, hat sie noch nicht genügend Kraft und muss noch lernen. Obwohl er ein Trinker ist, liebt sie ihn mit Herz und Seele. Und dann trifft er eine charmante Trinkerin. Er verliebt sich in sie und möchte mit ihr leben. Die Scheidung ist unvermeidbar. Die Frau ist sehr unglücklich. Warum? Weil sie eine Illusion verliert.

Dann folgt eine Phase, in der es ihr langsam besser geht. Sie ist jetzt um eine Erfahrung reicher geworden. Sie hat vielleicht daraus gelernt, so dass sie nun offen für einen anderen Partner sein kann, der sie respektiert und ihr Leben bereichert. Worin bestand dann für diese Frau das Unglück? Welche Chancen bot der Trinker seiner Frau? Er zwang sie, sich für sich selbst zu entscheiden. Damit bekam sie die Chance für ein glücklicheres Leben, wenn sie bereit ist, diese auch anzunehmen. Ihr Unglück war es, nicht zu wissen, welche Chancen der Trinker ihr bot.

Manchmal kommt das Glück erst in der Form eines scheinbaren Unglücks zu uns. Nehmen wir einmal an, ein Mann wird entlassen. Seine Arbeit war aber seine Existenzgrundlage und machte einen großen Teil seiner Identität aus. Jetzt verliert er den Boden unter seinen Füßen und ist sehr unglücklich über seine Situation. Aber dann erinnert er sich plötzlich an seinen alten, vergessenen Traum – eigentlich wollte er immer Abenteurer (Weltreisender, Dichter oder Feuerwehrmann) werden. Jetzt ergreift er die Gelegenheit, er hat ja doch nichts zu verlieren. Er setzt den Traum in die Tat um und fühlt sich glücklich und erfüllt.

Ein Unglück kann äußere Ursachen haben, wir können es aber auch durch unsere innere Haltung anziehen. Daran können wir arbeiten.

Die Mahabarata erzählt uns, dass uns jede Situation Chancen bietet. Es kommt eben nur darauf an, diese zu sehen. Das gelingt durch positives Denken. Auch die Karten können dabei behilflich sein. In der Regel sind wir nicht so erzogen, derartig zu denken. Wir neigen eher zum Selbstmitleid. Aber das bringt uns nicht weiter.
Wenn wir aber lernen, bei den Karten auch in Zeiten von Missgeschick und Unglück nach den Chancen zu suchen, die uns geboten werden, wird die positive Grundeinstellung nach einer Weile zur Gewohnheit. Sie werden begeistert sein, wieviel Gutes uns diese Art zu denken zu bieten hat.

Logik bringt uns von A nach B. Einbildungskraft bringt uns überallhin.
Einstein

Warum das Kartenlegen funktioniert

Schon seit einiger Zeit wird der menschliche Geist untersucht. Dieser scheint im Besitz von Kräften zu sein, die die Grenzen von Raum und Zeit übersteigen. Unser Geist scheint anderen Gesetzen unterworfen zu sein, als unser Körper. Der Geist kann den Körper und andere Materie sogar beeinflussen. Denken Sie an Psychokinese, Telepathie, Luzidität (Hellsehen). Gedanken beeinflussen unser Leben. Wir haben Vorgefühle und prophetische Träume.
Mit dem Wort „Geist" meine ich aber nicht unseren „Verstand". Es hat sich sogar herausgestellt, dass eine hoch entwickelte Ratio dem Übersinnlichen im Wege stehen kann. Obwohl die Vergangenheit unsere Gegenwart beeinflusst hat und diese wieder die Zukunft beeinflussen wird, kann man mit dem Verstand allein nicht vorhersagen. Natürlich wird es fleissig versucht: Zeitungen veröffentlichen die Wettervorhersage, das Fernsehen zeigt Vorhersagen der Wahlergebnisse, auf der Börse probiert man die Kurse vorauszusehen und Ärzte stellen nicht nur eine Diagnose, sondern machen zudem auch eine Prognose.
Aber der „Input", mit dem unser Verstand arbeiten muss, reicht meistens nicht aus. Seine Kapazität ist beschränkt, und er kann sich noch nicht einmal vorstellen, dass Raum und Zeit unendlich sind. Er braucht einen Anfang und ein Ende. Auch unsere Wahrnehmung ist begrenzt. Ein berühmtes Beispiel dafür ist die bekannte Zeichnung von zwei Profilen, die zugleich eine Vase darstellen. Wir sind aber nicht in der Lage, beide gleichzeitig zu sehen.
Bei der Karteninterpretation fangen wir in der Regel mit dem Verstand an. Jede Karte und Position wird analysiert, die Symbole werden beurteilt und aus diesen Gegebenheiten ziehen wir eine Schlussfolgerung. Aber die Intuition in Kombination mit der Assoziation kann uns beim Deuten viel weiterhelfen.

Nun bleibt immer noch die Frage: Wie kommt es, dass die „richtigen" Karten auf dem Tisch liegen? Warum werfen wir ein passendes Hexagramm beim I Ging? Warum werden bestimmte Träume Realität? Mit welchen Kräften haben wir es hier zu tun?

Um diese Frage kurz aber deutlich zu beantworten, möchte ich den Terminus *Synchronizität* einführen. Der berühmte und bahnbrechende Psychiater Carl Gustav Jung gebrauchte diesen Begriff für eine Erscheinung, die er wiederentdeckt hat. Während seiner Forschungsarbeiten bemerkte er, dass Philosophen des Fernen Ostens bereits vor langer Zeit die Erscheinung *Synchronizität* in ihr Denken einbezogen haben. Sie drückten es auf vielerlei Art aus, z.B. mit dem Begriff „das ewige Tao".
Im östlichen religiösen Denken geht man von einer Einheit aus, die alle Wesen und Erscheinungsformen miteinander verbindet. Auch in der Synchronizität ist das der Ausgangs-, wenn nicht sogar der springende Punkt.

Unser westliches Denken ist linear und kausal ausgerichtet (Abb. 1.). Zum Beispiel: weil ein Tiefdruckgebiet unterwegs ist, können wir Regen erwarten. Unser Verstand kann das begreifen. Manchmal passieren aber scheinbar „zufällig" Dinge, die wir mit unserem kausalen Denken allein nicht erklären können: wie eben das Kartenlegen, das I Ging, warum unsere Freundin gerade dann anruft, wenn wir an sie denken, warum prophetische Träume Realität werden und allerlei andere „Zufälle", die uns verblüffen.

C.G. Jung erklärte dieses Phänomen mit der Qualität des Augenblicks. Dieses verbindende Prinzip nannte er das „kollektive Unbewusste" – nicht zu verwechseln mit dem persönlichen Unbewussten, das alle Eindrücke sammelt, die jemals bewusst gewesen, nun aber verdrängt oder vergessen wor-

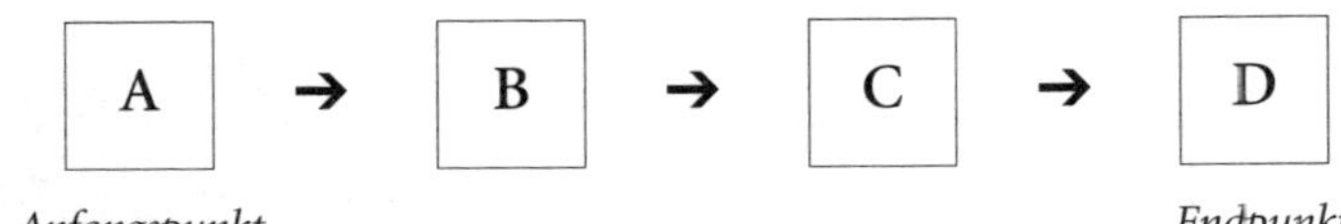

Abb. 1. Das kausale Prinzip: lineares Denken

den sind. Jung ging davon aus, dass jedes beseelte Wesen und jedes unbeseelte Ding – also alle Erscheinungsformen – ein kollektives Unbewusstes besitzen. Hierin finden sich vererbte „Eindrücke", die niemals bewusst gewesen sind. Diese „Eindrücke" nannte er Archetypen. Sie zu erklären, würde allerdings den Rahmen dieses Buches sprengen. Durch das kollektive Unbewusste steht unsere Psyche konstant in einer Wechselwirkung mit der Umwelt (Abb. 2.).
Synchronizität manifestiert sich durch scheinbar zufällige und bedeutungsvolle Zusammentreffen, für die es keine logische Erklärung gibt. Es kann sich um kleine, alltägliche Vorfälle handeln, aber auch um eingreifende, dramatische Ereignisse. Dazu gehört auch das Legen zutreffender Karten oder das Werfen des genau passenden Hexagramms des I Ging. Für gewöhnlich nennen wir es „Zufall" oder ein „Zusammentreffen von Umständen". Aber es ist mehr als nur das. Etwas fällt uns zu, aber nicht unbegründet. Es besteht ein Band zwischen uns und dem, was uns passiert, es hat eine Bedeutung.

Wenn wir uns dessen bewusst sind, werden wir auch aufmerksamer darauf achten, was in unserer Umwelt passiert. Wir werden nach der tieferen Bedeutung des Geschehens suchen. Kurz, wir spiegeln uns in unserer Umgebung, wie wir auch die Karten als einen Zauberspiegel für mehr Information und Einsicht gebrauchen. Diese Sichtweise wird Ihr Leben sicher interessanter und reicher machen.

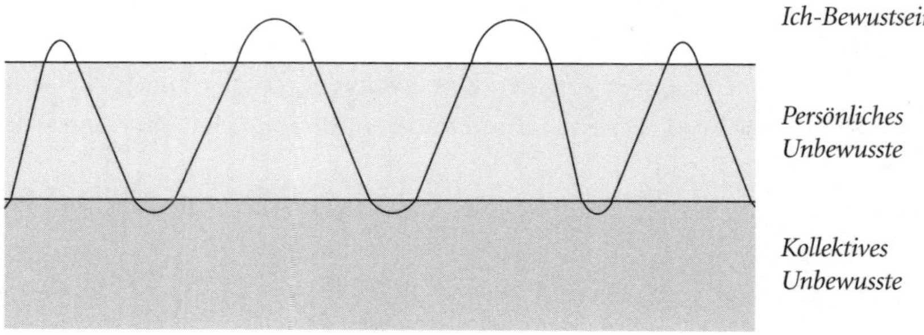

Abb. 2. Das verbindende Prinzip: „Wir sind alle Ein"

Bruva! Haro!
Obelix

Gerettet durch die Karten

An einem kaltem Wintertag lag ich mit Grippe im Bett. Ich hörte Fußstapfen im Treppenhaus. An sich nichts Merkwürdiges, aber dieses Mal vertraute ich der Sache nicht. Aus dem Fenster schauend, sah ich Arbeitsleute in grauen Overalls ins Haus gehen. Zur Sicherheit legte ich schnell die Karten. Und die behaupteten, dass es sich gar nicht um Arbeitsleute handelt, sondern um Diebe!

Inzwischen hatten die Einschleicher den Dachboden erreicht. Ich rief die Polizei an, die so schnell wie möglich kommen wollte. Danach stieg ich auf den Boden und lud die Herren ein, bei mir ein Tässchen Kaffe zu trinken. Sie setzten sich auch brav an den Tisch, worauf noch das Päckchen mit den Lenormandkarten mit den einladenden Abbildungen und Verslein lag. Natürlich durften die Herren Einbrecher damit spielen.

Schon schnell kam die Polizei angefahren. Die Männer stürmten die Treppe hinauf, um eine bedrohte, kranke Frau aus den Klauen von rohen Kriminellen zu befreien. Zu ihrem Erstaunen war das aber gar nicht nötig. Sie brauchten die Diebe nur noch festzunehmen. Erstaunt fragten mich die Polizisten, woher ich so schnell gewusst hatte, dass es sich um Einbrecher handelte, und wieso es mir gelungen war, diese Herren so ruhig am Tisch sitzen zu lassen. Meine Antwort: „Ganz einfach, dank eines Päckchens Lenormandkarten."

Das hatten die Agenten noch nicht erlebt. Mit einem schallenden Gelächter fragten sie, ob sie dieses Päckchen mit auf die Wache nehmen dürften. Ich erlaubte es ihnen. Und so kam es, dass auf einer bestimmten Amsterdamer Polizeiwache im Schaukasten für besondere Sachen ein Päckchen *Lenormandkarten* liegt.

Kartenkombinationen

Kartenkombinationen entstehen aus übernommenen Interpretationen, spontanen Einsichten, praktischen Erfahrungen und durch intensives Nachdenken. Weil eine Karte eine Symbolfunktion hat und darum auf vielerlei Arten gedeutet werden kann, gilt das umso mehr für Kartenkombinationen. Ich gebe darum auch nicht vor, auf diesem Gebiet vollständig zu sein. Das ist ganz einfach unmöglich, wenn man sich einmal die immense Anzahl möglicher Kombinationen mit den diversen Interpretationsvarianten vor Augen führt. Ich werde ein Beispiel zeigen, wie man zwei Karten miteinander kombinieren kann.

Die Sterne und	*Der Reiter*
- Ein neues Ziel	- Ein Gespräch
- Willenskraft	- Die Gedanken
- Wohlgelingen, Erfolg	- Ein Telefongespräch
- Zielstrebig	- Eine Rede halten
- Etwas Neues	- Ein mündlicher Bericht

Sie können jetzt jeden Teil miteinander verbinden, so dass Sie 5 x 5 = 25 Interpretationsmöglichkeiten erhalten, *und das allein von zwei Karten.*

Die folgende Liste von Kartenkombinationen zeigt deshalb auch nur einen Bruchteil von den vielfältigen Interpretationsmöglichkeiten.

1. Der ***Reiter*** mit

• dem *Schiff*	- Ein Bericht oder ein Gespräch über eine Reise, über Geld oder es wird in einer fremden Sprache gesprochen.
• der *Sonne* + den *Sternen*	- Unerwartete, gute Neuigkeiten/erhellende neue Gedanken.
• dem *Mond* + dem *Storch*	- Nachricht von einer Schwangerschaft
• den *Fischen*	- Zunahme von Kontakten/gute Neuigkeiten.

2. Der ***Klee*** mit

• dem *Reiter*	- Endlich gute Neuigkeiten. Herauskommen aus einer Phase des negativen Denkens.
• dem *Sarg* / den *Wolken*	- Wenn der *Klee* über dem Sarg oder den Wolken liegt oder daran anschließt, dann lassen Sie eine schwierige Zeit hinter sich. Die Situation wird sich bessern.
• dem *Ring*	- Nach Schwierigkeiten verbessert sich die Beziehung.
• dem *Schiff*	- Die finanzielle Situation bessert sich oder die Schwierigkeiten bezüglich einer Reise sind behoben.

3. Das ***Schiff*** mit

• dem *Sarg*	- Eine Erbschaft, Schwarzgeld
• dem *Mond*	- Arbeitslohn
• dem *Haus* + dem *Storch*	- Umzug ins Ausland/Umzugskosten
• dem *Kreuz*	- Weniger Geld/finanzieller Misserfolg. Eine Reise ist erfolglos oder wird abgesagt.
• den *Fischen*	- Viel Geld/fremde Währung

4. Das ***Haus*** mit

• dem *Storch*	- Ein Umzug
• der *Schlange*	- Defekte (Gas-) Leitungen im Haus
• dem *Baum*	- Es ist etwas mit dem Haus nicht in Ordnung
• den *Fischen*	- Ein großes Haus
• dem *Anker*	- Ein geliebtes und sicheres Zuhause
• der *Sonne*	- Ein sonniges Haus
• dem *Mond*	- zu Hause arbeiten

5. Der ***Baum*** mit

• der *Schlange*	- Geringer Widerstand/eine Vergiftung
• der *Schlange* + dem *Garten*	- Eine Epidemie, zum Beispiel eine Grippe
• den *Mäusen*	- Weist auf eine Mangelerscheinung hin

• den *Blumen* + dem *Sarg*	- Krankheit, die mit starker Übermüdung verbunden ist
• dem *Kreuz*	- Krankheit des Knochengerüstes, der Zähne oder eine Ablagerung. Eine chronische oder lang dauernde Krankheit
• dem *Kreuz* + der *Rute*	- Entzüdung bei den Zahnen oder des Knochengerüstes z.B. Rheuma
• dem *Turm*	- Ein Krankenhaus
• den *Wolken*	- Ein Arzt
• den *Wolken* + der *Lilie*	- Heilpraktiker ohne Medikation, wie z.B. ein Magnetiseur
• den *Wolken* + den *Fischen*	- Heilpraktiker mit Medikation, wie z.B. ein Homöopath

6. Die ***Wolken*** mit

• der *Sonne*	- Einsicht in ein Hindernisses
• dem *Klee* / dem *Haus*	- Ein kleines Problem
• dem *Schlüssel*	- Das Lösen einer Schwierigkeit ist wichtig für die weitere Entwicklung
• der *Turm*	- Eine offizielle Instanz/ein Beamter
• dem *Baum*	- Ein Arzt

7. Die ***Schlange*** mit

• dem *Mond*	- Rückfall in eine alte, schlechte Angewohnheit. Ein Berufsbetrüger oder eine Arbeit mit chemischen Stoffen
• dem *Mond* + dem *Garten*	- Arbeit vor Publikum in einer Scheinwelt, z. B. das Showbusiness
• dem *Reiter* + der Sonne *(neben oder über)*	- Eine Lüge wird ans Tageslicht kommen
• der *Sense*	- Irreale, eingebildete Ängste

8.Der ***Sarg*** mit

• den *Wolken*	- Pläne werden vereitelt
• dem *Mond*	- Ende einer Arbeit/schwarze Magie
• dem *Ring*	- Unglückliche/zwanghafte/endende Beziehung

• den *Blumen*	- Geschenk mit eigennützigen Hintergedanken/extreme Ermüdung/relativ ruhiger und von selbst verlaufender Veränderungsprozess
• den *Wolken*+ dem *Baum*	- Ein Chirurg
• dem *Schlüssel*	- Verlust akzeptieren/eventuell eine Operation
• das *Schiff* / den Fischen	- Schwarzes Geld

9. Die ***Blumen*** mit

• dem *Schiff*	- Geldgeschenk
• dem *Sarg*	- Extreme Müdigkeit/ ruhiger und von selbst verlaufender Veränderungsprozess
• den *Mäusen*	- Mangel an Ruhe und Entspannung
• dem *Storch*	- Psychische Veränderung

10. Die ***Sense*** mit

• der *Schlange*	- Irreale, eingebildete Ängste
• der *Schlange* + dem *Garten*	- Soziale Ängste
• dem *Sarg*	- Angst vor Veränderungen/Phobie/Panik/ Angst vor dem Tod
• dem *Storch*	- Angst vor Veränderung
• dem *Hund*	- Zeitlich begrenzter Bruch in einer Freundschaft

11. Die ***Rute*** mit

• der *Schlange*	- Energieverlust durch ungenügende Erdung
• dem *Kreuz*	- Energieminderung/unterdrückte Wut
• dem *Herz*	- Sexualität
• dem *Mond*	- Zwietracht auf der Arbeit/hart arbeiten
• den *Mäusen*	- Energie verlieren, Energiemangel

12. Die ***Vögel*** mit

• der *Sonne*	- Inspiration/Einsichten/hellsehen
• den *Blumen*	- Schwierigkeiten verschwinden von selbst
• dem *Mond*	- Berufsmäßige Versorgung
• der *Lilie* + dem *Schlüssel*	- Ein Hellseher/eine Hellseherin

13. Das ***Kind*** mit

- dem *Schlüssel* - Lernen vom eigenen Kind
- dem *Ring* - Ehrliche und offene Beziehung
- den *Sternen* - Ihr Kind oder eine andere junge Person inspiriert Sie und bereichert Ihr Leben durch Kreativität/Willensstarkes Kind
- dem *Storch* + dem *Mond* - Eine Schwangerschaft

14. Der ***Fuchs*** mit

- dem *Turm* + den *Wolken* - Ein scheinbar freundlicher Beamter, dem aber nicht zu trauen ist
- dem *Schiff* - Finanzielle List und Intrige
- dem *Schiff* + den *Fischen* - Finanzielle List, die mit viel Geld verbunden ist
- dem Ring - Intrige und List in der Partnerschaft

15. Der ***Bär*** mit

- dem *Baum* - Krankhafte Eifersucht
- dem *Schiff* - Geldneid
- dem *Herzen* - Eifersucht/besitzergreifende Liebe
- der *Sonne* - Jemanden um seine/ihre Ausstrahlung beneiden

16. Die ***Sterne*** mit

- der *Sonne* - Unerwartet großer Erfolg
- dem *Kind* - Ihr Kind ode eine andere junge Person inspiriert Sie und bereichert Ihr Leben durch Kreativität/Willensstarkes Kind.
- dem *Mond* - Innovationen und Erfolg bei der Arbeit
- dem *Schiff* - Lohnende Investition
- dem *Reiter* - Neue Gedanken und Ideen/verbale Überzeugungskraft
- dem *Schlüssel* + dem *Herzen* - Eine zu Herzen gehende, wichtige Erfahrung

17. Der ***Storch*** mit

- dem *Haus* - Ein Umzug

- dem *Haus* + dem *Schiff* - Emigration/Umzugskosten
- den *Blumen* - Psychische Veränderung
- dem *Mond* + dem *Kind* - Eine Schwangerschaft

18. Der ***Hund*** mit
- der *Sense* - Zeitlich begrenzter Bruch in einer Freundschaft
- dem *Kind* - Besonders integerer und hilfsbereiter Freund/Freundin
- der *Partnerkarte* + dem *Anker* - Der Partner fühlt eine tiefe und dauerhafte Liebe für Sie.
- dem *Berg* - Kummer wegen einer Freundschaft/ ein(e) Freund(in) hat Sorgen

19. Der ***Turm*** mit
- dem *Schiff* / den *Fischen* - Ein Geldinstitut wie z.B. eine Bank oder eine Steuerbehörde
- den *Wolken* - Ein Beamter
- dem *Brief* - Ein offizielles Schreiben/Dokument
- dem *Schlüssel* - Trennung in diverser Hinsicht
- dem *Mond* - Ehrgeiz, Karriere, eventuell ein hohes Amt
- dem *Garten* - Angesehene Gesellschaftsschicht auf sozialem, geistigem oder materiellem Gebiet
- dem *Weg* - Wahl des Lebensweges

20. Der ***Garten*** mit
- dem *Buch* - Angenehme Mitschüler/Geheimbund
- dem *Turm* - Angesehene Gesellschaftsschicht auf sozialem, geistigem oder materiellem Gebiet
- dem *Weg* - Wahl des sozialen Umgangs
- der *Schlange* - Das soziale Umfeld erweist sich als trügerisch. Eventuell sind Alkohol- oder Drogenmissbrauch beteiligt.
- der *Schlange* + dem *Mond* - Arbeit vor Publikum in einer Scheinwelt, wie z.B. dem Showbusiness

21. Der ***Berg*** mit

• dem *Bären*	- Ein feindlicher Neider
• dem *Schiff*	- Besorgniserregende finanzielle Situation
• dem *Baum*	- Kummer wegen der Gesundheit oder Krank durch Kummer
• einer *Personenkarte*	- Ein Feind/diese Person hat Kummer
• dem *Ring*	- Verdruß durch die Ehe
• den *Wolken*	- Ein Beamter legt einem Steine in den Weg
• dem *Kreuz*	- Langanhaltender oder unterdrückter Kummer

22. Der ***Weg*** mit

• dem *Storch*	- Großer Zweifel
• dem *Buch*	- Schulwahl
• dem *Turm*	- Wahl des weiteren Lebensweges
• den *Mäusen*	- Taschendiebe

23. Die ***Mäuse*** mit

• dem *Haus*	- Einbrecher/Mängel am Haus
• dem *Weg*	- Taschendiebe
• dem *Herz*	- Liebesmangel
• der *Lilie*	- Mangel an väterlicher Unterstützung/eine Beförderung geht an Ihnen vorbei
• der *Rute*	- Kraftlosigkeit, zu wenig Energie

24. Das ***Herz*** mit

• dem *Sarg*	- Intensive/zwanghafte/endende Liebe
• der *Rute*	- Sexualität
• dem *Ring*	- Ein Liebesverhältnis
• dem *Anker*	- Die große, dauerhafte Liebe
• der *Schlange*	- Idealisierende, realitätsferne Liebe
• dem *Schlüssel* + den *Sternen*	- Unvergessliches, die bisherigen Dimensionen sprengendes Erlebnis
• der *Sonne* + dem *Mond*	- Höhere, spirituelle Liebe

25. Der ***Ring*** mit

• der *Sense*	- Ein zeitlich begrenzter Ehebruch
• dem *Turm* + dem *Schlüssel*	- Eine Scheidung
• dem *Mond*	- Ein Geschäftsverhältnis
• dem *Sarg*	- Ehekrise/zwanghafte Beziehung
• dem *Anker*	- Tiefgehendes, bewährtes Liebesverhältnis
• dem *Kind*	- Eine ehrliche und offene Ehe
• dem *Baum*	- Probleme in der Ehe

26. Das ***Buch*** mit

• der *Sonne*	- Aufklärung/Erhellung (z.B. durch ein Buch)
• den *Fischen*	- Vermehrung der Kenntnisse
• dem *Garten*	- Angenehme Mitschüler/Geheimbund
• dem *Herzen*	- Eine geheime Liebe

27. Der ***Brief*** mit

• dem *Turm*	- Ein offizielles Schreiben/Dokument
• dem *Herz*	- Ein Liebesbrief
• dem *Sarg*	- Möglicherweise ein Bericht vom Sterben
• dem *Hund*	- Bericht von einer Freundin/einem Freund
• dem *Schiff*	- Finanzbericht/Bericht aus dem Ausland
• der *Rute*	- Übereilt gefasster Entschluss/Entschluss aus Rache
• dem *Schlüssel*	- Diese Nachricht bringt gute Neuigkeiten/ die Lösung/ein richtiger Entschluss

28. Der ***Herr*** mit

• dem *Haus*	- Ein erwachsener, sensibler und romantischer Mann
• der *Rute* + dem *Herzen*	- Ein sehr viriler Mann
• den *Blumen*	- Ein zufriedener und bequemer Mann
• dem *Turm* + dem *Mond*	- Ein sehr ehrgeiziger Mann, eventuell in hoher Position

29. Die ***Dame*** mit

• dem *Garten*	- Die betreffende Frau liebt und ist umgeben von angenehmer Gesellschaft.
• dem *Mond* + dem *Storch* + dem *Kind*	- Eine schwangere Frau
• dem *Turm* + dem *Mond*	- Sehr ehrgeizige Frau, eventuell in hoher Position
• dem *Mond* + der *Sonne*	- Eine spirituelle Frau

30. Die ***Lilie*** mit

• der *Sonne* + dem *Mond*	- Ein beschützender und spiritueller Mann
• dem *Turm* + den *Wolken*	- Ein hilfreicher und unterstützender Beamte
• dem *Mond*	- Eine Beförderung
• den *Wolken* + dem *Baum*	- Heilpraktiker ohne Medikation, wie z. B. ein Magnetiseur

31. Die ***Sonne*** mit

• dem *Mond*	- Spiritualität/die höhere, unsichtbare Welt
• dem *Reiter*	- Erhellendes/aufklärendes Gespräch/Nachricht
• dem *Buch*	- Eine wichtige Lehre erhalten
• dem *Sarg*	- Sonnenfinsternis, weisse Magie, keinen Erfolg. Liegt die Sonne über dem Sarg, bringt sie Licht in die Dunkelheit
• den *Fischen*	- Günstige Geschäfte/ein warmes Land
• der *Rute*	- Sehr starkes Ego

32. Der ***Mond*** mit

• dem *Anker*	- Liebe und Kompetenz für die Arbeit
• dem *Garten*	- Mit Menschen arbeiten
• dem *Garten* + dem *Herzen*	- Arbeit im sozialen Bereich/Arbeit aus Menschenliebe
• der Sonne	- Spiritualität/die höhere, unsichtbare Welt
• der *Sonne* + den *Vögeln*	- Arbeiten mit ESP (außersinnlichen Wahrnehmungen)

• dem *Weg*	- Eine Wahl der Arbeit/für die Arbeit viel unterwegs sein
• dem *Sarg*	- Ende einer Arbeit/Schwarze Magie
• dem *Kind* + dem *Storch*	- Eine Schwangerschaft
• dem *Turm*	- Ehrgeiz/hohe Funktion
• der *Schlange*	- Rückfall in eine alte, schlechte Gewohnheit/Arbeit mit chemischen Stoffen/Berufsbetrüger

33. Der ***Schlüssel*** mit

• dem *Brief*	- Diese gute Nachricht bringt eine Lösung/richtiger Entschluss
• dem *Herz* + den *Sternen*	- Unvergessliches, die bisherigen Dimensionen sprengendes Erlebnis
• dem *Turm*	- Trennung in diverser Hinsicht, Scheidung
• dem *Kind*	- Lernen von einem oder dem eigenen Kind
• den *Wolken*	- Ein Problem ist wichtig für die weitere Entwicklung
• dem *Sarg*	- Verlust akzeptieren/eventuell eine Operation
• der *Schlange*	- Wichtige Träume

34. Die ***Fische*** mit

• den *Wolken* + dem *Baum*	- Heilpraktiker mit Medikation, wie z.B. ein Homöopath
• dem *Mond*	- Gutbezahlter Job/vermehrter Arbeitsanfall/Arbeit hat mit dem Meer zu tun
• dem *Schiff*	- Viel Geld/eine große Reise
• dem *Haus*	- Ein großes Haus
• dem *Reiter*	- Häufigere Kommunikation/Gespräche über Geld
• dem *Turm*	- Ein Geldinstitut

35. Der ***Anker*** mit

• dem *Haus*	- Sicheres und geliebtes Zuhause
• dem *Mond*	- Liebe und Kompetenz für die Arbeit
• dem *Herz*	- Sehr große, tiefe und bewährte Liebe
• dem *Schlüssel*	- Halt haben oder benötigen

36. Das ***Kreuz*** mit

• dem *Schiff* und den *Fischen*	- Zunehmende Geldsorgen/Verzögerung und Missgeschick auf einer Reise
• dem *Baum*	- Krankheit des Knochengerüstes, der Zähne oder eine Ablagerung. Eine chronische oder lang dauernde Krankheit
• dem *Baum* + der *Rute*	- Entzündung bei den Zähnen, im Kieferbereich oder der Gelenke wie z.B. Rheuma
• der *Sonne*	- Auch im Falle eines Missgeschicks optimistisch bleiben
• dem *Anker* / dem *Herz*	- (Zeitlich begrenzte) Abkühlung der Liebesgefühle

Persönliche Kartenbedeutungen und Kombinationen

Je öfter und länger Sie die Karten legen, umso mehr werden Sie bemerken, dass besimmte Karten für Sie eine eigene Bedeutung bekommen, die Sie auch nicht in diesem Buch finden werden. Kartenlegen und das Arbeiten mit Symbolen ist nun einmal eine persönliche Angelegenheit. Sie finden hier Platz für Ihre eigenen Kartenbedeutungen und Kartenkombinationen.

1. Der Reiter:

2. Der Klee:

3.Das Schiff:

4. Das Haus:

5. Der Baum:

6. Die Wolken:

7. Die Schlange:

8. Der Sarg:

9. Die Blumen:

10. Die Sense:

11. Die Rute:

12. Die Vögel:

13. Das Kind:

14. Der Fuchs:

15. Der Bär:

16. Die Sterne:

17. Der Storch:

18. Der Hund:

19. Der Turm:

20. Der Garten:

21. Der Berg:

22. Der Weg:

23. Die Mäuse:

24. Das Herz:

25. Der Ring:

26. Das Buch:

27. Der Brief:

28. Der Herr:

29. Die Dame:

30. Die Lilie:

31. Die Sonne:

32. Der Mond:

33. Der Schlüssel:

34. Die Fische:

35. Der Anker:

36. Das Kreuz:

Eigene Legemuster

Früher oder später haben Sie eine Frage, zu der sich keine der vielen beschriebenen Legemethoden zu eignen scheint. Wenn eine Frage sehr komplex ist, rate ich Ihnen, die Frage in mehrere Einzelfragen aufzuteilen. Sie können natürlich Ihre eigene Legemethoden entwicklen. Für diesen Zweck ist hier Platz eingeräumt.

Sie Können hier ihre eigenen Legemuster aufschreiben

Sie Können hier ihre eigenen Legemuster aufschreiben

Das Lenormand Orakel

Die 36 Wahrsagekarten von Mademoiselle Lenormand
Mit Erklärung und Legemustern

36 Karten in Farbe
Verpackt in Schachtel mit Anleitung
Format: 60 x 90 mm
ISBN 978-3-89060-258-5

Christiane Renner
Liebe in den Wahrsagekarten
von Mlle Lenormand
Paperback, 192 Seiten
ISBN 90-6361-015-7

Christiane Renner
Die Lenormand-Karten
auf einen Blick
Gebunden, 40 Seiten,
durchgehend farbig illustriert
ISBN 90-6361-025-4

Christiane Renner
Karriere in den Wahrsagekarten
von Mlle Lenormand
208 Seiten
ISBN 90-6361-034-3

Bücher von NEUE ERDE im Buchhandel

Im deutschen Buchhandel gibt es mancherorts Lieferschwierigkeiten bei den Büchern von NEUE ERDE. Dann wird Ihnen gesagt, dieses oder jenes Buch sei vergriffen. Oft ist das gar nicht der Fall, sondern in der Buchhandlung wird nur im Katalog des Großhändlers nachgeschaut. Der führt aber allenfalls 50% aller lieferbaren Bücher. Deshalb: Lassen Sie immer im VLB (Verzeichnis lieferbarer Bücher) nachsehen, im Internet unter **www.buchhandel.de**

Alle lieferbaren Titel des Verlags sind für den Buchhandel verfügbar.

Sie finden unsere Bücher in Ihrer Buchhandlung oder im Internet unter **www.neueerde.de**

Bücher suchen unter: **www.buchhandel.de**. (Hier finden Sie alle lieferbaren Bücher und eine Bestellmöglichkeit über eine Buchhandlung Ihrer Wahl.)

Bitte fordern Sie unser Gesamtverzeichnis an unter

NEUE ERDE GmbH
Cecilienstr. 29 · D-66111 Saarbrücken
Fax: 0681 390 41 02 · info@neueerde.de

IRIS

IRIS ist ein Imprint bei NEUE ERDE